教育方法学

[日] 佐藤学/著
于莉莉/译

教育科学出版社
·北京·

中文版序

一门学科的基础教科书究竟用什么样的方式来编写、记述才好呢？我正是带着这样的问题开始执笔本书的。我认为，作为某一学科领域的教科书，它既应具备作为这一学科入门书的通俗易懂的特色，又应能网罗这一学科领域的最高研究水准的知识。其实，“教科书（text）”这一词语最初出现在12世纪，是用拉丁语表述的，其词源为“圣典（Gospel）”，所以这个词本身就具有“神所写之书（God spelling）”的意思。

我自知无法记述“神的言语”，但我期许通过本书可为读者提供教育学领域最高研究水准的知识。本书以“教育方法学”这一特别的名称为题，主要记述的是定义为教育实践学的狭义的教育学（pedagogy）领域的知识。近年来，教育学的相关研究分为意指教育实践学的狭义的教育学及教育科学（educational sciences）两大领域。教育科学意指作为实证性、客观性科学研究的教育学，教育心理学、教育社会学构成其主要的研究领域，它还涵盖了与教育相关的政治学、经济学、历史学等领域。与其相对，狭义的教育学是与教育的价值、伦理、技术的选择与判断相关的实践学，教育哲学、教学论、教学研究、课程研究等构成其主要的研究领域。本书《教育方法学》即是这个狭义的教育学的入门教科书。

近三十年间，教育学领域发生了巨大变化，教育学研究的范式出现了巨大转变。例如，三十年前，在教育学研究中，行为科学学习理论（刺激—反应—变化）的“S-R”理论占支配性地位，学习过程被视为一种自然性的技术性过程，但是现今，学习被认为是基于各种意义构建的认知性活动，是一种文化性、社会性实践。过去，也曾将教学实践看作达成知识与技能习得这一目标的技术性过程，曾视教学为教师向学生传递知识的过程，并运用“过程—产出模型（process-product research）”加以研究，而今天，人们已经认识到教学实践是以学习者的思考和探究为核心的文化性、社会性、实存性实践，是教师与学习者的协同合作行为。

受到这一系列的学习与教学范式转型的影响，教育学研究的方法论也从量性研究向质性研究转变，文化人类学的方法、民族学方法论、行动研究等多样的研究方法被开发出来。本书将详细记述代表这一系列变化的教育学研究范式的转型，并为读者提供今后可以进行最新的教育学研究的基础知识。

在执笔本书时，我倾尽了所有智慧，希望可以在保证对相关领域的相关项目内容提供正确理解的同时，又可竭尽我的全力为读者提供一个在任何相关书籍中都未曾有过的对于这些知识的全新见解。本书既是综合概括近三十年来教育学研究范式转变的航海图，又是提出新的研究方向的罗盘针。本书既是教育学的教科书，也是汇集了我对书中所网罗知识的独特的个人新见解的心血结晶。衷心地期望拙著可常伴读者左右，可以为读者建构各自的教育学观、展开独自的教育学设计贡献一份力量。

《教育方法学》一书在日本出版以来，读者群不断壮大，至今在日本已重印25次。作为专业性强、内容艰涩的教科书可以受到读者及市场这样的欢迎，连执笔人本人都备感意外。这也证明了我们现有的教育大环境与教学实践一线是多么需要新型教育学的最前沿的知识。

对一名专业书籍的作者而言，没有比一本书的新读者群不断壮大、长年持续受到读者喜爱更幸福的事情了，而本书可以跨越国境得到海外读者的喜爱，对于作者来说更是至高的荣誉。

特别是本书可以在中国翻译出版，对我而言是一件备感荣幸之事。自中国推行素质教育政策以来，中国的教育实践与教育研究飞速发展，具有国际视野的先进的教育改革得到不断推进。在这样一个飞速发展的转型期，本书如果能为中国的教育及教育研究提供一小块基石的话，将是我最荣幸之事。

本书的翻译，我特意拜托了曾在东京大学研究生院我的研究室学习了10年，现正在日本的大学任教的于莉莉。于莉莉是对我的教育学观理解得最详尽、最深刻的年轻的中国教育学者。迄今为止，我在中国50场以上的讲演都是由她现场口译的。本书虽然是教育学的初级入门书，但内容繁杂，我所用的语言也极为艰涩，特别是全书很多地方的日语原文表述很难用中文确切表达。但是，作为拥有深厚教育学功底的最了解我的中国弟子，她以惊人的能力克服了这些困难。在此，我向我的弟子于莉莉致以诚挚的谢意。

另外，也衷心地感谢出版方教育科学出版社。教育科学出版社已经帮助我在中国出版了《课程与教师》《学习的快乐》及《静悄悄的革命》这三本我的代表性著作。此次，我的又一本代表作《教育方法学》可以在教育科学出版社出版，让我感到无上荣幸。

衷心地期待肩负中国与亚洲教育责任的年轻教育学者及教师们今后可以研读本书，因为你们是教育的希望。

2015年11月18日于东京

目录

第一章

教育方法学概要

——从教育方法的学问迈向教育实践的学问

教育方法学是一门从理论上探究教育实践的方法及技术原理的学问。为明确教育方法学这一学问的特征，需要明确下列几个问题：教育实践这一行为是如何被认识及观察的，这一实践行为是如何被对象化、是基于什么样的理论框架而展开研究的，而这一研究又是在什么领域内得以建构并被加以表现的。

“教育方法学”其实是一个没有恰当英语译文的模糊的学术用语。如果一定要用英语来表述的话，教育方法学的研究领域可分为“教学研究（research on teaching）”、“教授与学习研究（research of instruction and learning）”、“课程研究（curriculum studies，curriculum inquiry）”、“教室研究（classroom research）”等研究领域。英语国家将“教育方法”简单表述为“方法（method）”，但是事实上，“方法”这个词从未在教育实践的原理及理论这一意义上被使用过。

如果一定要找与“教育方法学”的本义相近的英语表述的话，我认为最贴切的应该是“教育学（pedagogy）”这个词。与包含所有教育相关领域研究的“教育研究（educational research）”及用经验科学的方法来解析教育现象与事实的“教育科学（science of education）”不同，“教育学”原本是一门从实践意义上探究教育实践的价值与技术的学问。从这个意义上说，“教育学”是与“教育方法学”最接近的一个概念。

但是，如果将“教育方法学”完全对应为“教育学”的话也会出现一些问题。因为“教育学”广义上泛指一般教育理论，狭义上指教学的实践性、技术性原理。实际上“教育方法学”是处在“教育学”的广义及狭义中间位置的术语。“教育方法学”的领域不仅包括教学的技术性原理问题，还包括教室中学生的学习活动问题、课程的构成与评价问题、教室中教师与学生间的会话沟通问题及教师与教师教育等各类相关问题。

研究教育方法学，还需要明确“教育方法学”与其相似的各术语间的关系。“教授学”、“学校教育学”、“教授学习过程研究”、“教学研究”等用语一直作为“教育方法学”的相似语而被使用，这些术语本身都曾在特定的领域具有特有的意义。

例如，“教授学（didactic）”是17世纪确定的用语，指从理论上探究教授方法的学问。“教授学”的创始者拉得克（Wolfgang Ratke）与夸美纽斯，就像在下一章中介绍的一样，一直致力于探索通过母语教育将用拉丁语记载的由贵族和僧侣们所独占的学问知识与民众解放相结合的教育技术。这一教育技术是作为“教授学”而被探究的。20世纪以波兰的奥根（Wincenty Okon）为首的东欧各国教育学者们继承了“教授学”这一传统，并以科学性知识的认识论为基础对教学技术原理展开了研究。“教授学”实际上是一门基于认识论探索教学技术原理的学问。

而“学校教育学（Schule Pädagogik）”则起源于19世纪中叶的普鲁士德国。“学校教育学”是伴随公共教育制度的建立，特别是根据国民教育确立的需要而形成的一门学问。其主要特点是以传授实用的教育内容、树立国民道德、促进作为国民文化的共同教养的形成为目标来组织学科与教材，从而奠定了教学基本原理确立的基础，并对集团式管理训练学生的教学技术进行了不断的探索。“学校教育学”以赫尔巴特主义教育学为理论支撑，特别是通过决定学科与教材编制的“中心统合法”及“五段教授法”将教学的技术原理制式化，并结合师范学校教师教育制度化的赖因教育学的支撑从而确立了其基本框架。事实上，以赖因为中心的赫尔巴特主义教育学是19世纪后半叶世界各国促进国民教育制度化的最大推动力。

“教学研究（授业研究）”这一用语与“教授学”及“学校教育学”相比是一个较新的概念，是一个得到广泛应用并包含多层含义的术语。严格来讲，“教学研究”是以实证主义为基础的教育学及教育心理学科学性研究，具体来说是20世纪中叶以后以学习心理学、教学过程中的会话分析研究及教学评价的量化研究为基础进而得以发展的研究领域。这一研究谱系的起源可以追溯至20世纪前20年以华生和桑代克为代表的行为主义学习心理学的研究，但直到20世纪60年代，随着行为科学的发展，教学过程才作为科学分析的对象被加以研究。

在日本，同样是在20世纪60年代，作为“科学性研究”的“教学研究（授业研究）”也得到了普及。其主要特征是基于观察到的事实对教师教学活动及学生学习活动展开实证性探讨，追求对教学过程的法则性进行科学性、合理性认识及统制的教学程序和教学技术的开发。到了20世纪70年代，“教学研究（授业研究）”被称为“教授学习过程研究”。“教授学习过程”这一词语意味着教师活动与学生活动密不可分的关系，表明了当时按照法则科学认识教学过程的研究立场。

但是，随着实证主义向后实证主义转型，心理学领域中的行为科学向认知心理学的转变，同时受到文化人类学及民族学方法论的影响，20世纪70年代后期，“教学研究”的研究模式发生了巨大转变。现今将“教学研究”等同为“教学分析（数量性数据的范围分析）”的人已经变成了少数派。笃定教室中的学生都会像自己所预测的那样开展学习活动的教师已没有了，梦想着在任何教室中都普遍适用的有效教材开发程序及教学技术可能在什么地方存在的教师也变少了。“教学研究”现在已从实证主义的定量分析的框架中脱离出来，其研究已发生了巨大的转变。

“教室研究”这一用语最初是在20世纪30年代对教室中学生的言语活动进行“观察”、“记述”的儿童发展研究中出现的。随着前述研究模式的转变，这一用语得到了推广、普及。“教室研究”在 20 世纪 70 年代作为对教室中偶发情况的社会及文化意义解读的文化人类学研究，教室中会话的社会学分析及社会言语学分析，抑或是基于民族学方法论会话分析的“教学研究”而得到普及，现在基本上与“教学研究”同义使用了。

教育方法学的内涵除包括上述的“教授学”、“学校教育学”、“教学研究”、“教室研究”外，还包含课程研究及教师教育的研究，是一门综合性的学问。最近，数字媒体教育的研究也包含其中，教育方法学涵盖的范围正在进一步扩大。

教育方法学研究体系的综合跨领域性不仅体现在研究对象领域的广泛，更体现在解决各个对象领域问题时所采用研究方法的整合性。这一广泛性体现了教育方法学跨学际的特征。教育心理学、教育社会学、教育政治（行政）学、教育哲学、教育史学、教育人类学等分别是以心理学、社会学、法学、政治学、哲学、历史学、文化人类学等“母体学问”的概念及方法论为基础，对教育现象及教育问题进行研究，进而形成其研究领域，而教育方法学很难特定规定其概念与方法论的“母体学问”。教育方法学是根据在教育过程中产生的实践性问题的对象领域（课堂、学习、课程、教师）所形成的学问体系，不是以特定的学问领域为基础而成立的学问。

教育方法学跨学际的这个特征，使其可以应对教育方法学所涉及的不能简单还原为某一特定学问领域的多元性问题，及超越特定视角解释说明、需要综合性选择和判断的实践性问题。教育方法学的研究将这两个不同特征的研究具体化：一个是以特定的学科领域为基础，对教育方法学对象（课堂、学习、课程、教师）的相关问题进行探究性研究（disciplinary research）；另外一个是为解决教室中的具体问题而展开实践性探究（practical inquiry）。

以特定的学问领域为基础的研究，例如教学的哲学性研究、学习的心理学研究、教育方法的历史研究、课程的政治学研究、教师的社会学研究等，是指将教育方法学的个别问题作为特定学问的应用领域进行研究。这种“××研究”式的教育方法学，只能在特定的层面为教师在教室中所面临的实践问题提供特定的知识见解，但其为解决复杂多元的教育实践问题奠定了坚实的基础，并使从构成教育实践的多个侧面展开理论性反思与批评成为可能。与教育学相关的学会刊物等期刊上刊登的教育方法学相关论文大部分都是这种“××研究”式的论文。

另一方面，作为实践性探究的教育方法学是以教师对教学过程中展开的省察、选择和判断，进行反思和批评为中心的探究活动，与“××研究”相反，是在解决具体问题的过程中对跨学科的综合性知识进行整合，形成实践性见识（practical wisdom）为主要目的。这个意义上的教育方法学可以说与教育的实践学即狭义上的教育学同义。这种实践性探究的教育方法学主要表现在以教师为中心的实践经验的记述、反省及批评中。

现阶段教育方法学是两种不同特征的各种研究综合体，教育方法学既不能简单还原为曾经的“××研究”式的“科学化研究”，也不能单纯局限于以教育实践经验为基础的教师的记述。可以说，正是在这两种教育方法学的往返、徘徊中，新型的教育实践学得到不断探索。教育方法学作为“教育的方法学”与“教育方法的学问”发展至今，今后“教育实践的学问”的教育方法学发展更加值得期待。作为对教育实践进行再构建的学问探究领域，有必要对教育方法学自身进行脱领域化的再定义。本书就将从这个视角出发，整理呈现教育方法学多样的领域知识，并将为大家提供这一领域的研究课题及研究方法。

第二章

教育方法学的历史

一、近代以前的教育方法

（一）古希腊的哲学家们

如果我们将教育方法学的成立看作对教育方法开始有自省及反思的话，其原点可追溯到古希腊哲学家们的思想探索中。特别是当时古希腊城邦民主制成立需要参加“政治”这一公共空间的市民的教育，及被称为“阿卡德米学院”（约公元前 385 年创立）的学校教育的支撑。柏拉图的《美诺篇》用对话的方式记述了苏格拉底对于“知”、“学”、“教”这些根本性问题的思索，而在《理想国》中也可以发现关于阿卡德米学院的教学内容（博雅教育的起源）及其教育自身的相关论述。在柏拉图的一系列著作中登场的辩士们，都既身为学者又是教师。

古希腊的教育因两个契机，即书写文化（literacy）的普及和民主政治制的成立而得以确立并发展。在柏拉图出生的年代（公元前 5 世纪后半叶），通过文字记录知识的方式得到了普及，这为传播知识和真理提供了坚实的环境基础，而城邦的民主政治也为参与公共空间的市民教育提供了肥沃的发展土壤。但我们必须注意到，教育从这一成立的原点开始就被分裂成了两种不同的文化，即分裂成了“书记的素养（概念性思考）”与“一般人的素养（状况性思考）”，也分裂成了教授从自我设问出发并展开推论的“探索修辞学”的市民教育与教授获得权威性答案的手段的“服从性修辞学”的面向奴隶的教育。

在古希腊的众多学者中，拥有独特教育观的苏格拉底对现今的影响最为深远。与将渊博的知识的传承当作教育的辩士们不同，苏格拉底提出了“无知的知”，他采用“诘问”式“对话”，倡导将人们从“教条”中解放出来不断向真理推进的“产婆术”，并致力于对“爱知（＝哲学)”的思考、探索。

（二）中世纪的教会与大学的教育

对教育方法的自省被中世纪的教会、大学的宗教教育及自由七科的教育所继承。自由七科指的是由三门修辞学（语法、修辞学、辩论术）与四门数学（算术、几何学、天文学、音乐）所组成的教育内容。在中世纪教授自由七科的大学中，教学方法本身就是一门“修辞学”。例如，奥古斯丁的《论教师》(389 年）对教师话语的修辞学进行了阐述，并为教师的话语赋予了代为转述神的话语的性格特征。正如奥古斯丁所指出的那样，“专家”这一词的动词“profess”原意为“神的嘱托”，最开始被认定为“专家”的是牧师，然后是大学教师。“大学教授”这一称谓是在这种代神转述话语的历史背景下出现的。现今依然作为大学学位审查制度一环的“口试”，其实是在继承了以能否用自己的语言表述并掌握讲义的修辞学作为大学教授认定标准的资格审查制度传统的基础上发展而来的。

到了 12 世纪，在法国的圣维克多修道院中出现了作为“修行”的“读书”行为，并形成了以读教科书这一行为为对象的学习论。学习被认为是从“读书”到“冥想”的“旅程”，通过这个从音读到默读的读书过程，将他人的声音内化并形成“自己”这一概念。这个“自己”概念成立的同时学习论也得以确立。迈入 13 世纪以后，修道院的讲义方式发生了改变，利用字母系统边听教师口述边做笔记的口述笔记的学习形态取代了以往学生单纯地听教师话语的学习形态，托马斯·阿奎纳斯所创建的这一方式被沿用至今。

（三）宗教革命与印刷术的发明

16 世纪的宗教革命与印刷术的普及为教育带来了革命性的变化。宗教革命导致国王与教会对大学的管理与控制的同时，也促进了学生人数的增长，并通过教会促进了学校规模的扩大。谷登堡印刷术的发明（1445 年）及普及，更使得原来在昂贵的羊皮纸上用拉丁文手写的被隐匿起来的学问知识，可以用本国语在更为廉价的纸张上大量印刷普及成为可能。

活字文化的出现，一方面加速了通过母语的统合原理君主制国家的重新组建，另一方面也促进了大学教育的大众化及教育机构的普及。1582 年，在荷兰莱顿大学的文献中，原意为“跑道”的拉丁语“curriculum”变身为由国王与教会严格管理的教育内容的“课程”。这一用法后来在欧洲各地的大学中得到普及。而意味着班级与学级的“class”这个词语是在 1517 年巴黎大学的相关文献中第一次出现并开始被人们使用。通过 16 世纪一个世纪的发展，按照年龄与知识习得程度来对学生进行集团式组织管理的方式，渐渐渗透到了各地的大学与学校中，并得到大力推广。

印刷术发明与普及后，儿童与大人被书写文化这一基准明确区分开来。可以说，作为教育对象的儿童，是通过活字印刷所引发的书写文化的革命而登上历史舞台的。在宗教革命及印刷术所引发的文化革命背景下，以教会为中心、以“教义问答录”为教材教授书写识字的民众教育也渐渐得到推广和普及。

但是，近代前的教育并没有对教育的方法及技术进行自发的有体系的探讨。对于教育的方法及技术的自发性、系统性探究是在近代市民社会及国民国家的近代学校出现后才被进一步探讨的。教育学是近代的产物，是作为一种构建近代学校制度化的言语而登场的。

二、教学论的产生
——夸美纽斯

《大教学论》

摩拉维亚（现波希米亚）胡斯派宗教革命及民族解放运动的主导者扬·阿姆斯·夸美纽斯（Johann Amos Comenius，1592—1670）在三十年战争中流亡到波兰后所执笔的《大教学论》是近代教育学成立的标志。这本以“展示教授一切事物给一切人的普遍的艺术的大教学”为主旨的著作宣告了近代学校制度的创立，其划时代意义的特征表现为下列几个方面。

第一，《大教学论》体现了以所有民众为对象的公共教育理想。《大教学论》提出了“母育学校（幼儿学校）”、“国语学校（初级学校）”、“拉丁语学校（中级学校）”、“大学”四段式学校制度的构想。这种公共教育构想，主要是夸美纽斯的宗教使命感促使他建立起来的。他希望将承受哈布斯堡王朝统治下的经济贫困和三十年战争带来的战祸及鼠疫流行之苦的民众从无知及奴役状态下解放出来，实现祖国独立与和平，并建立千年王国。夸美纽斯的大半生都是在流亡中度过，最终在荷兰去世，但是《大教学论》中的公共教育理念在欧洲社会得到广泛传播，并在其逝世两个世纪以后成为近代学校制度的蓝本。

第二，《大教学论》标榜通过母语实现民众教育，并将由拉丁语所记录的知识与学问转换为由母语记录，体现了夸美纽斯希望将知识从掌握拉丁语的特权阶级手中解放出来并追求祖国统一与独立的国民主义教育的诉求。《大教学论》在欧洲其他国家是用拉丁语编写的，为祖国编写时用的是波希米亚语（波希米亚语版成了禁书，最终未能出版发行）。

第三，写作《大教学论》时，夸美纽斯也正在构想将一切学问知识作为普通教养系统化的“泛智论（pan sophia）”。体现泛智论思想的夸美纽斯著作《开放的语言之门》是一本按照不同的学问领域编辑知识的一本百科全书，体现了以《大教学论》为基础的教育内容。

第四，《大教学论》还伴有用德语及拉丁语撰写的名为《世界图鉴》（*Orbis pictus*，1658 年）的插画教科书。配有 151 个主题插画的《世界图鉴》是世界上第一本教科书，典型地体现了夸美纽斯的言语为事物认识表象的认识论。夸美纽斯主张视觉性与言语的统一，主张作为表象的言语（知识）不应从读物和讲义中而应从事物本身获得。

第五，《大教学论》是以弗朗西斯·培根《学术的进步》（1605 年）与《新工具》（1620 年）中所主张的归纳法的认识论为基础的。培根提出了根据对事物本身的视觉经验来克服由先入为主的观念、偏见与言语主义的理解而造成的对事物错误认识的“洞窟假象”、“剧场假象”、“种族假象”、“市场假象”的经验性认识论，这种归纳法的认识论是夸美纽斯《大教学论》的认识论基础。

第六，《大教学论》以鸟类的生长、发育为代表的适应自然规律的成长与以印刷术为代表的机械性技术为原型，第一次对教学的技术进行了系统性阐述。就像他将教育类比为小鸟的受精、孵化、成长时所提到的一样，夸美纽斯认为教育应当符合自然适应性原则，其相关教育构想是以园丁的工作、木工的劳作、绘画、印刷这四种人类的手工活动为原型的。

其中，教学的技术是以印刷术为原型的。《大教学论》将“教授学（didactic）”与“印刷术（typographia）”结合，组成了“教刷术（didacographia）”这一新造词，并用它来表现教学的技术。正如印刷术发明后大量知识被快速印刷到数量繁多的书籍上一样，夸美纽斯提出了通过“教刷术”将大量知识迅速地教授给多数儿童的教育构想。在这个以印刷术为原型的“教刷术”中，教科书是“原版的读物”，教师的声音是“墨水”，儿童是等待印刷的“白纸”。近代的学校及课堂正是以印刷术发明和活字文化诞生的科技革命与书写文化（literacy）革命的发生为基础发展而来的。

三、适应自然教育学
——裴斯泰洛齐

（一）市民社会的教育思想及其实践

夸美纽斯的《大教学论》出版后，又过了约两百年，直到经过市民革命市民社会成立后，近代学校及教育制度才得以确立。市民社会的教育思想在约翰·洛克的《教育漫话》（1693年）与让-雅克·卢梭的《爱弥儿》（1762年）中都有相关论述，但是将这一教育思想付诸实践并与教育方法的探究相结合的是瑞士的教育改革家约翰·亨里希·裴斯泰洛齐（Johann Heinrich Pestalozzi，1746—1827）。

裴斯泰洛齐醉心于卢梭的《社会契约论》及《爱弥儿》并参加了革命运动，但法国大革命后当时的瑞士面临的却是因经济破坏与混乱而造成的农村经济低迷，人民生活困苦，随处可见失去家庭的孤儿的悲惨状况。诚如卢梭晚年认识到的一样，社会的解放并不一定直接与人类的解放相契合，《社会契约论》所构成的市民社会虽然将人们从旧体制下的绝对权力中解放了出来，但依旧是自由的个人互相竞争的不平等社会。人类的解放不仅仅是将社会从绝对权力中解放出来，如果做不到从自身内部进行主体性的解放，人类是无法实现完全解放的。

裴斯泰洛齐的实践与思索包含市民社会成立后主体形成的思想。这种主体形成的思想主要是以裴斯泰洛齐的基督教的新教与家长制的亲子关系为基础形成的，并因裴斯泰洛齐特有的教育使命感及对教育的挚爱而得以成立。在妻子安娜的帮助下，通过在新庄以贫民儿童为对象的教育实践中，裴斯泰洛齐不断探索适应自然原理为基础的认识论，并根据这一认识论来探究教育方法。他在其哲学代表作《探究》（1797 年）中，探讨了从事物的直观出发发展到言语化的概念的认识论，并通过这一认识过程进一步探索了获取适应自然的原理及技术的人类主体形成的发展。在其代表性教育著作《葛笃德怎样教育自己的孩子》（1801 年）中通过“数”、“形”、“语言”教育（基本教学）的具体事例阐述了以适应自然原理及技术为基础的“直观教学”方法。

（二）从直观到概念

裴斯泰洛齐对教育方法学的贡献主要表现在以下三个方面。

第一，裴斯泰洛齐以事物从直观到概念这一过程为基轴，将教育作为方法进行了定位。我们一般称之为“直观教学”的“从直观到概念”的原则就是以裴斯泰洛齐的教育实践与探索为基轴发展而来的。对事物从模糊的直观出发到能用明了的语言表达成概念这一过程，正是儿童体验适应自然的原则进而成长为近代社会主体的过程。这种将儿童作为认识主体的教育理念与夸美纽斯及洛克将儿童看作“白纸”的被动性存在认识形成了鲜明的对比。从主体自身进行解放的基本思想为这种作为认识主体的儿童们的发现与探索活动提供了有力支撑。

第二，裴斯泰洛齐提倡儿童手工活动与劳动的教育价值。适应自然的原理在对自然事物提出疑问并动手进行探索的活动及劳作教育中得到了具体体现。“陶冶生活（Das Leben bildet）”这一裴斯泰洛齐的名言，作为对言语主义教育的本质性批判被沿用至今。

裴斯泰洛齐的第三个贡献是描绘出了近代教师形象和教育关系。裴斯泰洛齐心中的近代教师这一主体，是通过将对神的敬爱与对祖国的热爱在自身内部进行内化，并将家长制家族中的母子关系与父子关系为模型对儿童教育的爱具体化后形成的。在这种教师形象中，我们会发现裴斯泰洛齐是以充满慈爱的母亲与负责理性与道德教育的父亲的双面特征为基本原型的。这种教师形象的双面性与军队教育（男性原理）及家庭教育（女性原理）并行成立的国民国家教育的两种教师形象的原型遥相呼应。

但是，裴斯泰洛齐的教育实践与近代学校制度化的需求相比，还只是停留在原始阶段。教学内容除“算术”、“几何”、“语文”为中心的“基本教学”外，虽然增加了地理、理科、绘画、音乐等教学内容，但裴斯泰洛齐对近代学科的引进还是表现出一定的局限性。劳动教育上也主要是以手工及农作业为中心，而学校形象是以大家庭为原型，教师形象也是以母亲与父亲为蓝本构想的。根据莫洛夫的《裴斯泰洛齐传》中的记载，当时农村教师是落魄得近似乞丐的人从事的职业，只要会字母拼写并在自己家中确保有一个房间当教室就可成为教师。这种记述虽然有夸张的成分，但裴斯泰洛齐教育实践与理论的原始性特征可以说的确反映了当时农村学校的实际情况。

四、国民国家教育学
——赫尔巴特与赫尔巴特主义

（一）同步教学的普及与制度化

随着禁止儿童劳动工厂法的颁布与构成国民国家国民教育制度的确立与完善，19 世纪中叶以后近代学校的制度化与同步教学得到了飞速发展。

同步教学起源于 18 世纪末 19 世纪初英国的贝尔与兰卡斯特所创建的“导生制（Monitorial system）”，其最初的主要目的是为了防止贫困劳动者的孩子从事犯罪活动，学校通过将儿童按进度分为不同的群体，采用一起授课这一比较经济的方法实施。这种一起授课的方式因为起用了一部分学生作为助教，因而被称为“导生制”。当在大讲堂中几百名学生一起上课时，助教们沿礼堂的墙壁排列，并像扬声器一样重复教师的话。但当时的学校一般还主要是以个人学习及个人辅导为主，这种同步教学模式是在作为国民教育机构的近代学校制度化后快速普及的。为同步教学的教学模式普及与制度化提供了坚实基础的是普鲁士德国的约翰·弗里德里希·赫尔巴特（Johann Friedrich Herbart，1776—1841）及赫尔巴特主义的教育学。

（二）赫尔巴特的教育学

赫尔巴特是作为康德的后任到哥尼斯堡大学赴任的，是第一位在大学里系统论述教育学的学者。汇集了赫尔巴特讲义内容精华的《普通教育学》（1806 年）被认为是近代教育学发展的原点。

为了将教育学学科化、体系化，赫尔巴特提出了以伦理学为教育目的、以心理学为教育过程基础的教育理论。赫尔巴特曾经访问过裴斯泰洛齐的学校，在尝试借助联想心理学的“兴趣”理论对裴斯泰洛齐的“从直观到概念”的认识过程进行进一步提炼的同时，也标榜国民教育，致力于道德性理念教育目的普遍化，并在教育过程中为有效实现同步教学有意识地对学生进行管理。

赫尔巴特首先将教育的中心目的表现为“品性的陶冶”这一道德性理念，并将教育过程划分为“管理”、“训练”、“教授”三个功能。“管理”起到控制学生欲望维持教室秩序的功能，“训练”起到让学生表达内心活动培养意志的功能，“教授”起到传递并让学生掌握知识的功能。在实际教学中“教授”处于中心位置，但赫尔巴特认为“教授”是从属于“品性的陶冶”这一中心目的的“教育（训育）性教学”概念。

赫尔巴特以联想心理学的“兴趣”这一概念为基础，在“教授”过程中整理出了“形式性阶段”理论。他将裴斯泰洛齐的“从直观到概念”的过程从表象上分为了“专心”与“审思”两个阶段。“专心”起到沉浸于某一个对象的兴趣作用，“审思”起到将几个表象综合成一体并将其一般化的兴趣作用。于是“专心”与“审思”又分别被分为两个阶段，进而形成“明了、联想、系统、方法”四个阶段，并被定型为以兴趣为基础的学习心理阶段（形式性阶段），这也是后来赫尔巴特派在世界各国学校推广普及的“赫尔巴特阶段性教学”与“方法性单元”的原型。

可以指出的是，从裴斯泰洛齐到赫尔巴特的思想推移过程中出现了几个主要变化。第一个是近代性主体的消失与人类解放思想的缺失。赫尔巴特的“明了、联想、系统、方法”的心理性过程（形式性阶段）摒弃了裴斯泰洛齐的“从直观到概念”的过程中所包含的从主体内部开始解放的思想。第二个变化是赫尔巴特的教育学体现了国民国家建设即是国民教育的制度化及一体化的思想。可以说，以“品性的陶冶”这一道德教育为中心的教育目的、教授与训育一体化的“教育（训育）性教学”主张，在授课过程中“管理”学生的课堂经营理论等构成了以国民教育为主要目的的教育学说的主要框架。第三个变化是，与裴斯泰洛齐著作中教师与儿童按照个人固有名登场的讲故事的叙事方法相比，赫尔巴特的著作则表现了舍弃儿童与教师的固有名、将“兴趣”这一心理过程抽象化的特点。正是从此开始，教育学与教育实践剥离并分裂开来。

（三）齐勒尔与赖因的教育学

19 世纪后半叶，赫尔巴特的教育学经赫尔巴特学派的推动逐渐渗透到各国，成为促进国民教育建构及学校教育制度化的最大推动力。其中齐勒尔（Tuiskon Ziller，1817—1882）与赖因（Wilhelm Rein，1847—1929）的教育学成为推动德国、法国、英国、美国、日本学校教育制度化、教学模式化的主要教育理论。

齐勒尔的贡献在于将赫尔巴特的“兴趣”四段法发展成“形式性阶段”五段法、以“形式性阶段”为依据编写教材并开发出“方法性单元”，将“教育（训育）性教学”教学的观念应用到课程论中并提出了以“文化史阶段”为基础的“中心统合法”。齐勒尔通过将赫尔巴特的第一阶段的“明了”细分为“分析”与“综合”从而发展出“分析、综合、联想、系统、方法”的五段法，并提出了根据“形式性阶段”来建构教材单位（方法性单元）的方法。这主要是受到重视“分析”与“综合”的近代科学认识论的影响，并且响应了社会产业发展所带来的在教学内容中增加应用型学科内容的社会需要。

齐勒尔的另一个主要贡献是提出了将“文学”与“历史”设定为中心学科，按照民族文化发展阶段（“文化史阶段”）组织各学科内容，围绕两个中心学科展开的统合课程构成法——“中心统合法”。例如，在“文学”课学习“圣经的故事”时，对于故事中出现的植物像在理科课上一样学习。各学科的教材都是围绕着与中心学科相关的内容来组织编撰的。之所以选择“文学”与“历史”作为中心学科，是因为齐勒尔认为这两个学科最能体现出日耳曼民族的文化、历史及道德理念。“中心统合法”为培养国民国家的国民特性发挥了主要作用，赫尔巴特的“教育性教学”这一教育主张通过“中心统合法”而被具体应用到课程设置中。

赖因教育学更加带有推动国民教育制度化与定型化的特征。事实上，赖因教学理论对学校及课程的影响甚至超过了赫尔巴特与齐勒尔。

赖因教学理论的主要贡献在于将赫尔巴特与齐勒尔所提出的反映儿童兴趣心理性过程的五个阶段“形式性阶段”发展为教师教学的五个环节。赖因在齐勒尔的“分析、综合、联想、系统、方法”的五段法基础上提出了作为教学步骤的“准备、提示、比较、总括、应用”五段教学法。“准备”是指在上课开始时向学生介绍课堂教学内容，“提示”是指对预定的教学内容进行说明并传授给学生，“比较”环节主要是与以前的教学内容进行比较，“总括”环节主要是对课堂时间内所完成的教学内容进行总结，“应用”是指对教学内容进行应用并测试学生的掌握程度。就这样，裴斯泰洛齐以“从直观到概念”为出发点的课堂学习过程，在赫尔巴特及齐勒尔的提炼及改动后被一般化为兴趣的心理性过程，并通过赖因的教育理念进一步被矮化为教师教学活动的步骤。

但是，赖因所提出的“赫尔巴特五段教学法”对同步教学的普及与定型都产生了莫大的影响。翻阅日本关于教室的记录史料会发现，日本20世纪90年代的教案大多是按照“准备、提示、比较、总括、应用”这五个环节来记述的。这个“五段教学法”后来又出现过多种版本，到现在的教学计划中常能看到的“导入、展开、总结”三段法的定型为止，“五段教学法”一直持续发挥着巨大的影响。

赖因教育学就像“五段教学法”所象征的一样，它与国民教育制度化的需求紧密结合。赖因曾在耶拿大学开设师范学校，在力促近代教师教育制度化的同时，还致力于在其创立的师范学校附属学校展开“中心统合法”教育课程的实践。赫尔巴特主义的教育学说成为构建推动国民教育的学校教育课程、同步教学的授课方式及教师的职责及工作内容的主要理论基础，其影响还扩大到了培养教师的师范学校。从19世纪80年代到20世纪初，到耶拿大学留学的各国留学生们将其所学的知识带回自己的祖国，并在各自的祖国大力推进国民教育制度化、同步教学及师范学校的创设与扩充。

五、儿童中心主义教育与学习的共同体
——杜威

（一）新教育运动

19世纪后半叶确立起来的公共教育制度与学校教育，在进入20世纪后其划一性与僵硬性受到了批判，在世界范围内出现了被

称为“新教育运动”的学校改革运动。产业化及城市化所带来的个人主义的发展、劳动者及市民为主体的民主主义的发展及学问、文化、艺术革新运动的开展等都为新教育运动奠定了基础。

新教育运动以教育方法的革新为中心课题，改变了用同步教学方式由教师单向性地将同一学科内容传递给学生的授课模式，以学生的兴趣与关注点为出发点组织能动性学习，注重教学内容与学习方法的个性化及合作性，力求通过教师与学生自由的、创造性的实践展开包含观察、实验及调查等直接经验的学习与艺术性自我展现的学习。

（二）杜威学校的实验

开展新教育革新运动最早、至今依然具有重要意义的是芝加哥大学所设立的实验学校（laboratory school）即杜威学校（1896—1904）的实验。约翰·杜威（John Dewey，1859—1952）呼吁将学校教育的中心转移到学生身上的“哥白尼式旋转”，进行了将学校重建为以活动与经验为基础的学习共同体的教育实验。用工作台和合作学习桌取代以往教室中的讲台与固定的课桌，大力推进以观察、实验和实地调查为基础的知性、探究性学习。从这个意义上讲，杜威的实验可以说是一种试图在由美国公共教育制度的功勋者霍瑞斯·曼所创立学校教育的内部，展开马克·吐温笔下的以“讨厌学校”闻名的小说主人公哈克贝利·费恩探险式学习的尝试。

杜威学校的目的在于，在教育过程中整合学生的心理性发展、伦理性发展及社会性发展，恢复学校与社会间的连续性，将学校再建为学习的共同体，并通过学校教育为民主主义社会做准备。

实验学校的课程追求隐藏在直接经验中的可能性，学生的学习经验包括系统的学问经验、社会生活和劳动的经验，这些学习经验具有连续性，力求使学生将民主主义精神作为生存的伦理。这个课程的单位主要由杜威称作“occupation”的劳作活动构成。在介绍实验学校概要的《学校与社会》（1899年）中记录着“occupation”的实践事例报告，比如在《纺织物》的单元中记录下了通过织布这一活动学习服装的历史与文化的生动的学习情景。“occupation”是实现学校教育与社会生活连续性的活动，也是通过“知识面与实践面的平衡”促进学生感受与思考、知性与社会性全面发展的活动。

杜威在实验学校与帕克学校合并引发的芝加哥大学的内部纷争中辞去职务，杜威学校的实验也因此在很短的时间内便拉下了帷幕。杜威学校的实践被认为是较激进的尝试，其直接影响非常有限，但是杜威学校的实验，一方面批判了僵硬的、机械的授课方式，另一方面也批判了自由放任的个人主义的学习，并对教材及学习经验进行了结构性再编，其追求学习经验、学问经验及社会性经验间的连续性的意义非常重大。这种革新的传统后来被激进的儿童中心主义的学校所继承并通过教育实践使其教育理念具体化，战后的进步学校的实践也继承了这一传统。

六、效率主义教育学
——博比特与查特斯

（一）产业主义模型的教育过程

学校改革运动中影响最深远的不是以杜威的实验为出发点的

儿童中心主义谱系，而是以产业主义的发展为基础的社会效率主义谱系。最早以产业主义工厂、企业为原型，将教育过程系统化的是课程科学化开发理论创始人、芝加哥大学的弗朗克林·博比特（F. Bobbitt，1876—1956）。

博比特在1912年对公立学校中进步主义教育（新教育）实验校格雷学校进行评价时，引用了前一年泰罗发表的后来被称为近代劳务管理起源的“科学管理原理”，并对课程的科学化设置与评价的方法进行了论述。泰罗的“科学管理原理”以提出了实现工厂生产线（流水作业）原理（泰罗制）而闻名，泰罗提出了用生产线组织工作熟练程度和性格都各不相同的工人劳动的方法，将工人的劳动转化为均值的作业时间单位，提出了在均匀的、单向的时间单位内将劳动分割并进行阶段性组织的方法。这种高效、均质的生产线式的方式成为博比特课程科学化的蓝本。

博比特的课程论与生产工程的类比显而易见，在他的理论中，学生是“原料”，作为教育目的的“理想的大人”是“成品”，教师是“作业员”，督导员是“工段长”，校长是“厂长”，教育行政部门负责人是“工厂经营者”。于是将“原料（学生）”变成“成品（教育结果）”的过程合理化、效率化成为作为“教育工程师（教师）”的主要课题。

（二）“教育目标”的出现

博比特的论文将工厂生产中的“生产目标”这个词置换为“教育目标”后，“教育目标”这个词第一次在教育文献中出现。以“教育目标”为中心来组织教学过程，实现学习过程的效率化，对教育结果进行“质量管理”测试的、以工厂生产过程为样本的测试体系得以确立。这种生产线式的教学过程在20世纪一二十年代世界各国迅速普及，并奠定了现今学校教育的基本结构。在均质的、单向的时间内按阶段分割各学科的学习，重复进行测试目标达成度的考试，按学科、学年、校务内容分工的教师组织，以企业经营为蓝本的学校运营等，全部都是以产业主义的生产线为模型的学校教育模式。

博比特还将“实用性”作为教学内容的选择标准，通过对成人社会生活的“活动分析”，展开了对产业生活及社会生活有用的知识和技能的相关研究。这个“活动分析”的方法被同样推进以产业主义为模型的效率主义教育的查特斯（W. W. Charters，1875—1952）的“工作分析”所继承。在确定女子教育目标的研究中，查特斯分析了95000名女性一个星期的工作记录，确定了总计7300个目标范围。查特斯提出了将这些目标分配到传统的学科学习及综合性单元学习中，进而组织对产业生活与社会生活所需知识和技能的有效学习的教育理念。

博比特与查特斯的以产业主义为模型的课程论普及后，学校教育受到了通过公共教养及国民道德建构国家认同的国家主义教育及追求社会实用性及企业效率性的产业主义教育的双重支配。

除这种双重支配外，在将学校教育作为通过学力竞争实现社会流动的途径的大众社会中，学校教育又受到了将教育服务作为自由选择、私人所有及消费行为来组织的市场主义的支配。市场主义的教育促进了教育服务的商品化、多样化及个性化，产业社会与市场社会的发展使构成课程与教学的各种见解变得更为复杂。

七、单元学习的各种类型

（一）设计教学法与道尔顿制

克伯屈（William Heard Kilpatrick，1871—1965）的“设计教学法”（1918 年）与帕克赫斯特（Helen Parkhurst，1887—1973）的“道尔顿制”（1920 年）对新教育运动的影响仅次于社会效率主义理论。比起美国国内，这两者对包括日本在内的飞速发展并快速推进现代化的亚洲各国的影响更为深远。

克伯屈的“设计教学法”将人类的学习作为“目的性活动”来推进，以“目的、计划、实行、判断”这四个环节作为“目的性活动”的单位来组织单元学习。这一单元学习有以下三个重要特点。

第一，将“目的性活动”设定为教育的核心。克伯屈认识到俄国革命（1917 年）后社会将进入无法预测未来的“变化的社会”，从而提出了无论在哪种社会培养有目的性活动的人才是教育的目的的理念。克伯屈之前的所有教育论中都包含了所需实现的社会形象，与此不同，克伯屈的教育论摈弃了需要追求的社会形象，将“目的性活动”绝对化。

第二，“单元教学法”的主要目的不在于知性经验而在于追求“道德性・社会性态度”。克伯屈指出，作为目的性活动的学习需要在学习、掌握知识外，通过“伴随学习（concomitant learning）”来训练“道德性・社会性态度”，并主张“伴随学习”应该成为主要教学目的，这一立场充分体现在“从做中学（learning by doing）”这一话语中。在日本，人们普遍误认为这句是杜威的话，其实这是克伯屈为普及形成“道德性・社会性态度”的教学方法而提出的话语。

第三，以“目的性活动”为核心的“单元教学法”是以爱德华·李·桑代克为代表的行为主义学习心理学为基础的。以“刺激、反应、强化”的心理现象作为学习的基本原理的克伯屈“单元教学法”，将杜威的“反思性思考（reflective thinking）”矮化成了“反射性活动（reflective activity）”。

从这三个特征中可以清晰地发现，克伯屈的“单元教学法”与其说是进步，不如说是以保守思想为基础而形成的单元学习论。这种单元论之所以在封建官僚色彩浓厚的日本及亚洲各国得到普遍推广并在美国国内以农村地区学校为中心得以渗透发展，主要是因为其自身的保守性。另外，克伯屈的单元论被误认为与杜威的教育论相同但操作方法更为简单、容易，也是其得到推崇的原因之一。

另一方面，帕克赫斯特的“道尔顿制”也是在包含日本在内的亚洲诸国广泛普及的新教育方式。其主要特征在于通过由教师认可被称为“契约”的学生学习计划这种方法来实现每一名学生学习的个性化。在日本大正时期，以成城小学和明星学园为中心的学校普及了这一方式，作为彻底贯彻“个性化教育”的方式而闻名。但是这个“个性化＝学习个别化”的方式，正像“契约”一词字面上所表述的，实际上是以企业的经营与工厂作业为原型发展而来的，令人意外的是这一点并不太为人所熟知。帕克赫斯特是在构想可以在工商界活跃发展的女子中等教育时设计出道尔顿制的，是站在与博比特一样的“社会效率主义”立场上来推进“学习个性化”的。

（二）单元学习的分类

就像前面所提到的一样，随着新教育运动的深入，以课程、课堂及学习为有机组合单位的单元学习涌现出多种样式。下面对单元学习样式的类型及特点进行简单整理。

根据单元学习的教学实践方式及原理，我们可以划分出“儿童中心主义”、“社会效率主义”、“社会改造主义”、“社会（生活）适应主义”四个类型。

第一个，“儿童中心主义”是以杜威学校的实验为代表的谱系。其主要致力于发展学生自立、自律性学习，根据知性的、文化性的、社会性价值高的教材与经验来设置课程，并力求发展以艺术教育与科学教育为中心的创造性及想象性学习。这个谱系的单元以“主题、经验、表现”为单位构成，各学科的学习主要以“主题学习”、“项目学习”等综合性学习方式展开。这个谱系不采用考试来测试成绩的方法，而是通过制作学习报告等“写书”的方法与全班同学共享学习成果。另外，这个谱系虽然是根据每个人的兴趣采用符合每个学生个性的方法展开，但是力求通过学习、交流及共享在教室内外建构互相学习、成长的共同体。这个“儿童中心主义的谱系”虽然一直是少数派，却一直持续推动了整个20世纪中最激进的教育改革。

第二个，“社会效率主义”谱系是以博比特的产业主义模型单元学习为代表的谱系。其主要特征是选择实用性价值高的知识与技能，组织有成效的高效率的学习，力求培养对社会有用的劳动者。这个谱系的单元以“目标、成就、评价”为单位构成，主要以系统的学科学习及活动性的单元学习相结合来设置课程。设定明确的教育目标、力求学习过程效率化并对教学成果做量化评价是其主要特点。这一谱系主要是以桑代克的行为主义学习心理学为基础。博比特、查特斯、斯内登、莫里森等的单元论，斯金纳的程序学习与布卢姆的教育目标分类学及完全习得学习（掌握学习）等理论，都可以说是这个谱系的代表性理论。

第三个，“社会改造主义”是以20世纪30年代参加进步主义教育协会的科奥兹为代表的教育学者们所提倡的单元学习谱系。这一谱系的单元内容主要由劳动问题和贫困问题等现实的社会问题构成，力求通过解决问题来唤起学生社会意识的觉醒及批判性思考能力的形成。这个谱系的单元以“问题、思考批判、解决”为单位构成，主要以社会学科为中心来培养解决问题能力及批判性思考能力。虽然主张将学校作为社会改造的手段来重新建构是这个谱系的主要特征，但是大多仅停留在了教育学者们讨论的阶段，将理论付诸实践的事例极为有限。但是这个谱系最根本的理念被现今的环境教育与和平教育继承了下来。

第四个，“社会（生活）适应主义”同样以20世纪30年代的罗斯福新政为背景，是以农村公立学校为中心推广开来的保守的单元学习谱系。这个谱系主要是以“人格统合”及“道德性·社会性态度”的形成为教育目的来组织教育过程。其特点是批判“偏重知识”，推进重视“基础学力”、“态度”、“意欲”的反知性主义教育。这个谱系借鉴了“社会效率主义”的单元模式，以“目标、活动、评价”为单位组织单元，其课程分为两个领域，由教授“系统性知识”与“基础学力”学科学习课程及以“生活体验”为基础的综合学习课程组成。

日本战后新教育从美国引进的单元学习正是这个“社会适应主义”模式，这一模式成为日本1947年版《学习指导要领（社会科篇）》的样板，而1950年前后成为日本课程运动样板的“弗吉尼亚计划”也是典型的“社会适应主义”的代表。可以说日本将学习还原为生活的“爬行经验主义”，是以经验主义及态度主义来组织学习的“社会适应主义”单元学习的保守性所导致的必然结果。

八、行为科学的教育技术学
——泰勒与布卢姆

（一）泰勒原理

20世纪50年代到60年代，随着行为科学与行为主义心理学的发展，教学与课程的科学性研究也得到大力推进。

泰勒（R. W. Tyler，1902—1995）在《课程与教学的基本原理》（1949年）一书中提出了20世纪50年代到60年代课程研究与教学研究的最基本的范式。泰勒继承了博比特与查特斯的“社会效率主义”的谱系，并以产业主义的技术学模型为基础，对进步主义教育的课程与教学的“计划”与“评价”进行了理论性阐述并将其公式化。这一被公式化了的理论称为泰勒原理，以其为原型的课程与教学计划、实践与评价模式影响至今。

泰勒按阶段与层次将课程与教学划分为四个组成部分，并运用行为科学的方法力求研究方法的合理化。课程与教学过程被划分为确定教育目标、选择教育经验（学习经验）、组织教育经验、评价教育经验四个阶段与环节，力求明确每个阶段的不同行动目标（Tyler，1949）。

泰勒原理认为，决定“目的”的要因在于“学习者”、“当代的生活”及“学科专家的建议”这三个方面的主张，以及用“教育经验（学习经验）”来建构课程、将学习规定为“与环境的相互作用”的主张和由教师与课程理论研究者共同进行课程开发的主张的确反映出以杜威为中心的进步主义教育传统，但是，泰勒原理总体上来说还是承袭了以博比特为起点的产业主义单元学习为蓝本的“目标、计划、掌握、评价”的四个阶段及其教育学修辞。

例如，杜威将“儿童”、“社会”、“教材”看作贯穿教育过程的内在决定因素，而泰勒将这三者都看成决定“目标”的外在因素，并将哲学及心理学设定为甄别具有高度价值“目标”时的“筛子”。杜威将“教育”定义为“赋予经验以意义，为使其可以指导继续延展的经验的进程，对其进行再建构或再创造”，而泰勒则认为“教育是不同人行动类型变化的过程”，对教育进行了行为主义式的规定。泰勒在对贯穿上述课程四个阶段并对其起统制作用的“教育目标”进行界定时，用二维图来表述教育目标中“内容侧面”及“行动侧面”两个不同次元，力求通过行为话语来表示特殊化了的教育目标。这与杜威的区别一目了然，比起“外在经验”，杜威更重视“内在经验”，并以综合了各种知识的“主题与经验”为中心来建构单元，而泰勒则是以详细的区分并特别筛选出的“教育目标”为中心来建构单元。

泰勒原理以行为科学为基础，在追求按照技术学原理对教育实践进行科学性统制的研究者及教师间广为流传，也成为20世纪60年代到70年代的教育技术学及新课程（学科内容现代化）发展的基础。其中，布卢姆（B. Bloom）的“教育目标分类学”、“形成性评价”及“完全习得学习（掌握学习）”作为在教育目标的阶段化构造及教育评价研究领域对泰勒原理做出的发展性研究而受到关注。

（二）布卢姆的形成性评价

在《教育目标分类学》中，布卢姆将教育内容分成了“认知领域”、“感觉・情感领域”及“运动・生理领域”三大领域，并展开了按照学年对相应各个领域的学科内容进行详细分析并制定出系统性、阶段性教学目标的研究。例如，在“认知领域”，各学科的教学内容被区分成“知识”、“理解”、“原理及一般化”、“应用”、“分析”、“综合与评价”六个部分，并按照系统学习的顺序排列“教育目标”。

按照每名学生的学习进度对这个以“教育目标分类学”为基础的课程进行评价与修正的是“形成性评价”。布卢姆将教育评价分为学习前的“诊断性评价”、学习过程中的“形成性评价”及完成学习后的“总括性评价”，并主张应将“形成性评价”设定为教育评价的核心。布卢姆认为“形成性评价”可以促进学习的个性化，使课程得以不断修正，进而组织更有成效及效率的学习，并提出了“完全习得学习”的理论，根据每个孩子的个性设置课程而实现教育目标（Bloom et al.，1971）。

布卢姆的“教育目标分类学”、“形成性评价”及“完全习得学习”理论都是以基于行为科学的心理学研究来推动学习的个性化并力求在教学过程中实现教育公平的理念为基础的。其理论是以下列三点为前提的。第一，“教育目标分类学”中基于原子论的要素主义。布卢姆将详细系统分类了的“教育目标”看成像原子一样的每一个都是等价且均一的个体，要求按照序列系统地开展学习活动。第二，将学习的个人间的差别还原为学习时间的差异。布卢姆的“完全习得学习”理论是以个人学习能力的差别在于学习时间的差别的卡罗尔法则为基础建构的。第三，课程与教学理论被当作有效控制学习过程的技术学得以应用。

以泰勒原理为基础的课程开发及布卢姆学习过程行为科学性分析及技术性控制原理，在20世纪60年代到70年代，迅速成为课程理论及教学理论的支配性范式。现今的课程与教学理论正是在批判这种范式的过程中形成的。

九、从认知教学论到文化教育学
——布鲁纳

（一）文化与认知心理学

20 世纪 60 年代以后，以认知心理学为基础的教学理论不断发展，由文化人类学研究方法所支撑的文化心理学与文化教育学的教学研究不断被开拓，相关研究现今依然十分活跃。这一研究的原点为布鲁纳（Jerome Seymour Bruner，1915—　）的言语及认知发展心理学与教学理论的研究，以及他作为主要一员所推动的对维果茨基（Lev Vygotsky，1896—1934）及列昂季耶夫等 20 世纪 30 年代以后的苏联心理学的介绍与再评价研究。

布鲁纳作为《教育过程》（1960 年）的作者而被世人知晓。《教育过程》是布鲁纳在整理了提倡将最先进的科学作为教育内容的“新课程（教学内容现代化）”运动的伍兹霍尔会议记录内容的基础上执笔的。这也导致人们对布鲁纳及其教育主张的片面理解。其实，布鲁纳更重要的贡献在于其提出的语言与认知发展的相关理论，还有后来近 30 年间对文化心理学及民间教育学（folk pedagogy）的持续研究。

（二）认知的结构

《教育过程》一书作为“学问中心课程”的代表性著作闻名于世，但实际上这本书的内容更为深刻。

首先，布鲁纳从建构主义立场出发，提出了学习者的认知结构与教育内容（科学·文化）的结构相同这一主张。正是这一主张引导出了广为人知的“任何学科都能按照其知性特征，有效地教给任何发展阶段的任何儿童”的大胆假说。人们常常误认为这个假说是学科（科学）主义的教育主张，或将其矮化为早期教育的教育主张，但是事实上参考布鲁纳的“言语发展”及“适合性(现实意义的关联)”等其他相关研究就会清晰地发现，布鲁纳的教育主张是与上述错误理解完全相反的。布鲁纳批判舍弃文化内容的学习心理学，提出了用“结构”这一概念来统一认识教育过程中的科学、认知及活动的方法。

布鲁纳的第二个重大贡献，在于否定了学习“态度”与学习“行为”的“转移”，提出了认知的内容性结构“转移”的主张。这一教育主张的提出意味着对与所学知识的内容相比，更侧重在精神性态度中寻求教育价值的“形式陶冶”学说进行了批判，并击破了一直支撑“形式陶冶”学说的行为主义学习心理学“转移”理论的基础。布鲁纳认为学习的“转移”不是在行为及态度中，而是根据所掌握的认知的内容性结构而发生的。

布鲁纳的第三大贡献是倡导学问的本质性“结构”在每个学年阶段重复出现的“螺旋式课程”。布鲁纳指出，构成现代科学的本质性“结构”只有少数，提倡编制可以对这个“结构”进行无数次发展性学习的课程。布鲁纳的上述三个教育主张是对20世纪50年代处于支配地位的课程与教学主流的“生活适应主义”教育及行为主义心理学的猛烈批判。

布鲁纳在《关于知——写给左手的随笔》(1969年）中，强调对对象进行模糊多义的、基于感性的认识（左手）与追求理性、清晰逻辑分析的、基于思考的认识（右手）同样起着重要的作用，并在《教育的适合性》(1971年）及《教学理论探讨》(1966年）中提出不应局限于教授言语及思考的一般性意义，还需要按照其现实性意义（适合性）展开教育的教学理论。布鲁纳还尝试开发以“人”为主题的综合了文化人类学、语言学及历史学的新型课程。

（三）维果茨基的再评价

布鲁纳是西方最早注意到维果茨基的心理学者。维果茨基的著作在斯大林体制下多年被禁止出版。戈尔巴乔夫上台后，其著作在苏联终于得以出版发行。与日本一样，美国也在1962年翻译出版了维果茨基的《思维与语言》，布鲁纳在序文中对维果茨基的“工具性思考”给予了高度评价。

维果茨基的精神发展理论与鲁利亚的历史文化心理学理论促使布鲁纳的心理学向文化心理学、“民间心理学（folk psychology）”及“民间教育学（folk pedagogy）”接近。

维果茨基的理论中，影响最为深远的是“最近发展区”这一概念。“最近发展区”指的是儿童一个人可以达到的现有的发展水平与通过他人或者道具等媒介的帮助后可能达到的未来的发展水平之间的区域。维果茨基通过这个概念表述了教育与学习的可能性，并提出了在教学过程中学习应该先行于发展的教育原则。

布鲁纳在“最近发展区”的基础上提出了“脚手架（scaffolding）”理论。“脚手架”指的是在最近发展区中，借助工具与语言等进行的媒介活动。就这样，维果茨基的“最近发展区”在美国作为以语言和工具为媒介的社会性组织学习的理论而得到普及，并为同步教学模式向能动的、协同合作的学习转换提供了理论基础。

近年来，布鲁纳更超越了实证主义心理学的“命题性认识”框架，致力于文化人类学与心理学的统合并积极推进“叙事性认识”的心理学、教育学及人类学的统合（Bruner，1996）。布鲁纳所提出的由认知发展的心理学、教育学向文化发展的心理学、教育学迈进的谱系，虽然没有行为科学谱系那么普及，却是 20 世纪 60 年代以后教学与学习理论展开的另一个不可忽略的谱系。正是因为持续有这样的研究，才使 20 世纪 70 年代末到 80 年代间一连串教学范式的转换得以实现。

第三章

日本的教学与授业研究

一、教学的产生与制度化

近代学校的特征

日本教学与授业研究的历史是以1872年《学事奖励被仰出书》颁布后近代学校的成立及制度化为起点的。在此之前，寺子屋、藩校、乡学会等学舍已在日本全国普及，到幕府末期，日本的识字率与各国相比已达到较高水平。但是，以“学制”设立为契机得以制度化的学校教育及同步教学的授课方式，与日本原有以自学为主的学习传统及通过对往来书笺的临摹和对汉字书籍的背诵而形成的模仿与熟习的传统大不相同。《学制》（1872年）颁布以后的学校通过引进“同步教学”这一欧美近代教育模式，形成了由共通文化构成的超越身份、阶级、阶层和性别差异的国民教育系统。

近代学校系统在教育内容与教育过程中体现以下几个特征。

第一，教育内容由国家决定。在与《学制》同年颁布的《小学教则》中，总计列举了27个科目的欧美学科的译文，之后《小学教则纲要》（1881年）、《小学学科及其程度》（1886年）、《教育敕语》（1890年）、《小学教则大纲》（1891年）、《小学令施行规则》（1900年）先后颁布，进而在1904年确立国定教科书制度。学校成为统合国民文化及树立国民道德的必需设施。

第二，引进了学级编制。日本《学制》采取的是通过完成教育内容学习每半年升一级的等级制，这继承了日本原有的自学形态传统，而在1891年，日本开始采用学级制（复式），并在小学入学率接近90%的1900年颁布《小学令》，开始向今天我们所熟知的按学年编制的学级制度过渡。通过此举，全国所有的学生都在相同的授课时间内按照相同的方法学习相同的课程内容，国民教育的均质空间得以形成。

第三，引进了同步教学的教学模式。同步教学最先是由《学制》颁布同时设立的师范学校（东京师范学校）的美籍教师苏格特引进到日本的。《小学教师必携本》（诸葛信澄，1873 年）中详细记录了苏格特通过事物教授及问答法实际演示裴斯泰洛齐主义（开发主义）教授法的教学实例。通过对《小学教师必携本》中教学实践记录的模仿，同步教学这一教学模式在日本迅速得到普及。而同样对同步教学的普及做出贡献的《改正教授术》（若林虎三郎、白井毅，1883 年），在记述了教学的技术和模式的同时，还标注出了“批评的诸点”，间接表明了教师间积极展开教学研究、日本的授业研究得以成立这一事实。

在 1889 年东京帝国大学招聘的讲师、德国人豪斯克内希特将赫尔巴特主义教授理论传入日本后，同步教学的教学模式逐渐定型。在日本所普及的赫尔巴特主义主要受到“教育（训育）性教学”（学科教育的核心在于道德教育、品性培养的理论）与“形式性阶段”（以兴趣融合过程为基础的将课程按阶段设置的理论）的影响。前者与《教育敕语》中所象征的以天皇制为核心的“帝国臣民”教育（“育人”的教育）相对应，后者则促进了以传授与记忆为主轴的教学方式及教学技术的定型化（步骤化的课堂教学），特别是对“形式性阶段”机械运用的影响非常大。以赖因所提出的“准备、提示、比较、总括、应用”为主要授课脉络的“五段教学法”作为同步教学的基本教学步骤渗透到全日本的各个教室中，构成了沿用至今的固定的基本教学构造（稻垣，1966，1996）。

第四，设立学力评价和竞争机制。通过《学制》的颁布得以成立的学校，一方面为实现超越身份、阶级、阶层、民族和性别差异的“一般民众”教育的共生的乌托邦奠定了基础，另一方面却又将教育定性为“出人头地的手段”，通过组织个人主义式竞争，发挥作为对阶级、阶层、民族和性别等序列化再生产、选拔和制造差别的装置的功能。

这个序列化、选拔、差别化的机制主要通过升入高一级学校的升学考试发挥作用。同时，在日常教育过程中也同样发挥着相同功用，1900 年《小学令》颁布前，主要是通过判断升级、跳级、留级的学力检查，而后主要是通过定期实施的学力测试及通知票的评价来发挥作用。20 世纪 20 年代后日本又开始推广基于“能力”与“适应性”的个别化及多样化学习课程。集体主义的划一性作为日本学校教育的特征常被提及，但同时也不能忘记个人主义的竞争与序列化、差别化在日本学校中所起到的重要作用。

第五，确立了教师培养与研修制度。19 世纪 70 年代到 80 年代日本以府县为单位设立师范学校，积极开展近代教师教育制度。师范学校活用“实物”与“挂图”，积极推广“问答”为主的“开发主义”教授法，19 世纪 90 年代以后以德国的“学校教育学(schule pädagogik)”为基础的通过近代教学技术推动国民教育的教师养成制度得以确立。

“学校教育学”的普及使学校的教学研修也得以实现制度化。在国民教育体系确立的 1900 年前后，包含课堂观察及课后反思的校内研修制度在日本的学校得到普及，“提问法”的研究与“板书”及“教样（教学方式)”的研究在教师间得以渗透，从而构成了日本教师特有的专业性职业文化。

正如上述特征所表现出的那样，日本的国民教育制度与教学模式是在中央集权式的近代化进程中形成的，具有极强的均质、划一的技术性制度化特征。

二、教学改革的挑战

（一）新教育运动的萌芽

迄今为止，日本已反复开展了多次对划一化、公式化教学模式的批判和改造。最初的改革尝试是大正自由教育改革运动。这一教育改革运动通过将国民国家内化、主体化的国民教育运动而展开，并通过引进欧美的新教育而不断被推进。

明治末期萌芽的大正自由教育改革运动，是以国民国家膨胀与自发、自律的个人的主体形成间的结合为主要推动力。从将“新教育”规定为“培养鲜活的人的活教育”的谷本富的《新教育讲义》（1906 年）和西山哲治拟制的以能为“帝国文运的进步”做贡献的“小小国民的养成”为主要教育目的的日本第一所私立实验学校——帝国小学的《设立趣旨》（1911 年）中，可以看出这一特征。从中村春二在成蹊实务学校《设立趣旨书》（1912 年）中提出的“培养能够成为国家的中坚力量具有为充实国力做贡献的觉悟和实力的人”中也可以看出这一特征。“他律的教授向自律的学习转变”的教育运动标语及“儿童中心主义”、“动态的教育”、“自由”、“自治”、“活动主义”等教育主张，也是这一以国民国家的内化、主体化为基础的大正自由教育运动的指标。

大正自由教育运动不仅在私立学校中蓬勃发展，更以日本师范学校的附属小学为改革基盘得到不断推进。其中，明石师范附属学校根据及川平治的《分团式动性教育法》（1912 年）所开展的编制能力差别小组的个性化教育与千叶师范附属学校的手塚岸卫的“自由教育”，都是具有先驱性的教育实践（中野，1968）。

（二）私立学校的实验

大正自由教育运动以泽柳政太郎创立成城小学（1917年）为契机，迈入新的发展阶段。成城小学以“尊重个性的教育”、“与自然亲近的教育”、“心情的教育”、“以科学研究为基础的教育”为目的，对教育实际的实践性问题进行实验和调查，并将其研究成果刊登在期刊《教育问题研究》上。该校进行的实地研究与调查研究包含了“读书科”与“听读课”等新型学科的设立及对学科内容的研究，还包含了对基于小班制的个性化教育等新型教与学形态的研究。

其中影响力最深远的是帕克赫斯特提倡的“道尔顿制”教学实验。通过学生与教师间的“契约（学习计划）”彻底实现个性化学习这一方式，克服了划一的、公式主义的同步教学的弊害，从而受到日本众多教师的关注。这一实验以成城小学的实验为起点，随后在明星学园等其他私立小学及以熊本市师范附属小学为首的地方师范附属学校中得到迅速推广。在欧美新教育的多种模式中，“道尔顿制”并不能说是代表性的模式，就像在第二章中提到的一样，这种模式本身不是以“儿童中心主义”而主要是以“社会效率主义”为基本原理，但是，在日本，“道尔顿制”却被作为“儿童中心主义”的主要模式而推广的。

另外，作为新型学校的实验，与成城小学占同等重要地位的，还有池袋儿童村小学（1923年创立）的实验。这所学校标榜创建儿童的“新村”，是一所教师和儿童可以自由选择课程和上课时间的乌托邦理想式学校，该校的野村芳兵卫和峰地光重等人是日本持续至今的教师“实践记录”传统的发起人，而汇总了该校学生作文的文集的公开刊行，为日后的“生活缀方教育”奠定了坚实基础。

（三）学习法的展开

以《学习原论》（1923 年）的作者木下竹次为中心的奈良女高师范附属小学的合科学习实践，是一项尝试将学生的自学自习设定为课堂重心的教育实践。木下的合科学习根据“学习即生活”的原则设立，提倡实现“浑然一体”的“自律学习”。他积极开展“学习课程”的研究，不断调整、完善学习环境，提出以从学习环境中选择“题材”并展开“综合性”活动的“合科学习”为中心的小学教育构想，并将这一构想付诸实践。奈良女高师范附属小学通过每年召开公开研究会及刊行期刊《学习研究》，起到了综合学习实践信息集散地的作用。其中，东京市浅草区富士小学的合科学习，作为以公立学校为基盘的综合学习改革实践而受到关注；而以长野师范附属小学淀川茂重为代表推进的综合学习实践，也因其高质量的实践内容成为日本教育实践史上的宝贵遗产。

从日本全国对木下竹次“学习法”热切的关注程度中可以发现，日本的新教育将自学自习认同为理想学习形态的倾向性显著，而且将生活与教育一体化看作理想的这一倾向性也非常强。这种倾向与日本之后的生产教育、劳作教育、乡土教育等实践的普及密切相关。

至昭和年间，日本公立学校中所普及的新教育运动的实践主要以乡土教育为中心而展开。1930 年以尾高丰作和小田内通敏为中心成立的乡土教育联盟，以乡土为对象，认识乡土、培养乡土爱的实践，随即在日本全国各地的学校中展开。这个将乡土的生产、生活、文化作为教材进行学习的乡土教育运动，为日本战后社会科的设立及发展奠定了基础，但因受时局影响，乡土教育实践与农本主义的联系不断加深，导致其最终被纳入法西斯主义教育中。一连串的以学习法为中心的综合学习教育实践的尝试，随着将“皇国民的炼成”作为综合核心的国民学校制度（1941 年）的设立而被吸收到国家教育体制内，最终与法西斯主义教育一同解体。

三、战后的新教育

（一）新教育的普及

在以国家为中心的教育理念向以儿童为中心的教育理念转换的背景下，战后的 10 年是日本教学与课程改造的蓬勃发展期。1946 年 3 月第一次美国教育使团的报告对日本教育的中央集权式官僚体制进行了批判，并指出日本教育的未来取决于对课程及教学进行自主性创造的教师的创意。同年 5 月，日本文部省公布的《新教育指针》，提出了“尊重个性”，并确定将儿童为中心的课程创造作为民主教育原则的教育方针。

新教育运动在文部省的主导下稳步推进。实施新学制时所颁布的《学习指导要领（试案）》（1947 年）明确标明“试案”字样，表明其只具有为各校自主开发特色教育课程提供大方向的“向导”作用，而 1951 年版的《学习指导要领》也承袭了这个指南的功能。在该《学习指导要领》颁布前后，日本各地的学校积极开展了创造自主教育的“课程运动”。

“课程”与“单元学习”是体现日本战后新教育特征的两个重要用语，作为新学科的“社会科”是民主主义教育的象征。根据日本国立教育研究所 1951 年的调查，全日本当时有 70% 的学校开展了自主课程编制，80%以上的教师都进行了单元学习模式的教育实践。这些教育实践多在讨论美国的教育理论及教育用语时被提及，但实际上日本大多数新教育实践还体现了承继以大正自由教育为基础的生活教育传统及综合学习传统的特征。

但是，随着要求重新开设“修身课”及重视“基础学力”社会舆论的沸腾，日本教育行政部门的政策发生了转变，到20世纪50年代中后期，新教育实践迅速衰退。《学习指导要领》社会学科改订版（1955年）也去掉了“试案”字样，从以系统学习为基础、特别设立了道德课并进行了全面修订的1958年版的《学习指导要领》开始，官方公告的《学习指导要领》被赋予了“法定约束力”。

（二）战后新教育的教学改革

战后的新教育虽然持续的时间比较短，但其间却积累了很多宝贵的教育实践成果。以无着成恭《学校》（1951年）的生活缀方教育传统为基础的山村社会科的实践、《新地历教育》（1954年）编著者相川日出雄延续乡土教育理念的“动手调查的社会科”的教育实践和大村滨所主导的在语文科进行单元学习的教育实践为代表，涌现出很多奠定日本后来教育基础的优秀实践。

但是，正像被批评成“爬行经验主义”的意见一样，这些“问题解决学习”与“生活单元学习”的教育实践，将活动及体验看作主要学习目的，因此很多教学实践陷入反知识主义。当时推进新教育运动的主要机构“核心课程联盟”高举“克服主知主义教育”的旗帜，主张以美国典型的“社会（生活）适应主义”谱系的弗吉尼亚计划为主要目标，更加助长了这种倾向。把知识

（教材单元）与经验（生活单元）放在对立面的新教育实践，一方面使学科教育的学习陷入机械记忆学习中，另一方面又将“问题解决学习”、“单元学习”的实践推向活动主义及经验主义。

斋藤喜博在群马县岛小学担任校长期间（1952—1963）倡导的一系列教学改革实践成为日本战后民主教育教学改革的典型。一到岛小学赴任，斋藤就开始倡导大家称呼自己为“斋藤”而不是“校长”，并废除了根据学生分数差异制定的通信簿制度，通过教师与学生共同合作，创造出推进“文化的民主化”的教学实践。斋藤认为“课程的创造”是通过对“民族文化遗产”的“获得、发现、认识”，在每个人心中培养出“保障自由和权利的民主主义精神”及“尽可能充实地稳步成长的精神”的“自我变革”的过程，是实现学校改革的核心。斋藤的教育实践通过他的《学校改革记》（1958 年）和《授业入门》（1960 年）等著作成为日本全国教师进行学校改革和教学改革的蓝本。

四、教学研究与教师研修

（一）《学习指导要领》的修订

1958 年的《学习指导要领》的全面修订意味着日本教育课程行政发生了根本性的转变。被赋予了“法定约束力”的《学习指导要领》在发挥着教科书验证标准作用的同时，还通过对课程及课堂外部的官僚性管理，起到了限制教育实践自由及教师自律性、专业性的作用。而后日本的《学习指导要领》几乎每 10 年就会进行一次修订，但是其作为国家标准的官僚性统制的制度性特征一直延续至今。

在预测了经济的高速增长后，1958 年修订《学习指导要领》时提出了振兴科学技术教育的口号，并推进以系统学习为基础的分科主义学科教育。20 世纪 60 年代到 70 年代这 20 年间，学科教育的研究及教学的科学性研究在日本的大学及中小学中蓬勃发展，以地方教育中心为主的在职研修讲座、文部省与地方教育委员会指定的研究指定校制度广泛普及。

经济的高速增长期也是日本高中及大学升学考试竞争激化的时期。升学的压力不仅对儿童及教师的意识起到无形的压力作用，也深深影响了课堂模式，特别是初中与高中的课堂逐渐转变为重视效率的以“讲”为中心的传授式课堂模式。小学也开始以追求提高学力为目标的课堂、高效率地习得所教繁杂知识的课堂及学习形态，随着各种市售考试用书的普及，逐渐渗透到全日本的学校中。而最为讽刺的是，这种为应对升学竞争而追求效率的日本学校教育，使其在国际学力比较测试中取得了世界排名第一的成绩。

（二）教学的科学性研究

日本教学的科学性研究在大学研究室中开展、在教学一线得到推广也是在经济高速增长期。对课堂进行观察、反思、批评的授业研究作为日本的一种教师文化，明治年间以来日本教师间就一直拥有这样的传统。但是，以课堂为理论研究的对象，通过经验科学的方法来探究这一过程的法则性认识及普适的技术性原理这一意义上的教学的科学性研究，是在 20 世纪 60 年代后开始并被推广的。在战前，“教授论”与“教授学”也的确存在，但是，只是作为阐明教学目的及教育价值的规范学，是对既往经验进行整理叙述的技术学，并不是以具体的教学行为及课堂为对象，通过经验性方法来向教学技术的科学化与体系化逼近的、探求技术原理的合理性理解的研究。追求建构“教学理论”、“教学的科学”、“教授学”等学科领域的教学的科学性研究，首先于20世纪60年代初期受到大学教育研究者的关注，并经研究得以确立，而后又逐渐渗透到教学现场，并在一线教师间得到迅速推广。

对外国的教学理论与教学分析理论的引进以及学习心理学、发展心理学在教育实践中的运用，是促使教学的科学性研究成立的最直接的契机。翻译波兰奥根的《教学过程》(1959年)、苏联赞科夫的《教学的分析》(1960年)，介绍美国弗兰德斯的互动分析和贝拉克的分析方法（1970年前后）等，为日本分析课堂与教学提供了科学性方法。而“从感性认识到理性认识”（毛泽东）的哲学性认识论、维果茨基的思维与语言及最近发展区理论（1962年翻译)、受斯金纳理论影响成立的日本全国程序学习联盟（1962年)、对布卢姆的“教育目标分类学”与“形成性评价”(1973年)等的介绍，都成为日本对以儿童的学习过程与心理发展为轴心的教学过程（教学＝学习过程）的法则性理解及合理性技术的体系化研究进行探究的基础。

在引进上述外国教育理论及学习心理学的背景下，日本五所大学（北海道大学、东京大学、名古屋大学、神户大学、广岛大学）高举“教学的科学化”、“教授学的再建构”的旗帜，共同组织了全国教学研究协议会。在此基础上，《授业研究》杂志（创刊号特集《科学性概念的形成》）于1963年创刊。同年，在教育科学研究会上，以斋藤喜博为中心，成立“教授学分会”，并于1964年成立日本教育方法学会。教学的科学性研究也为学科教育研究的发展奠定了坚实基础，到20世纪70年代，推进各学科研究的学科教育学会也陆续成立。

教学的科学性研究的推广使得日本教师的教学反思与批判性思考的方式发生了转变。与在日本已拥有漫长历史传统的对个别事例用“故事”与“记录文章”的方式记述教学观察并互相交流对课堂进行反思的方式相比，教学的科学性研究剔除了基于主观印象的表述，转为力求基于客观性数据进行科学性分析及标准化的方式。随着录音机的普及而出现的“T（教师）”、“S（学生）”发言记录的制作与分析，对将“教育目标”特殊化、明确化的教学程序与教材包的效果的实证性验证及对“发问、指示、提示”的教学技术效果的实证性探讨等研究得到了普及。正如这些研究所体现的那样，教学的科学性研究立足于将教学实践看作科学性理论与技术的合理运用这一“技术合理性（technical rationality）”原理，并将教师定型为在教学实践中运用科学性原理的“技术性熟练者（technical expert）”。

（三）教师研修的制度化

教学的科学性研究在学校的普及诱发了日本教育行政官僚化的同时，也促进了学校管理与在职研究的制度化。文部省在 1964 年开始实施“研究指定校”制度。此后，日本各都、道、府、县教育委员会与各市、町、村教育委员会纷纷效仿并制定“研究指定校”制度，现在日本几乎所有学校都会在 5 到 10 年内成为国家或地方某一层面的“研究指定校”。

同时，日本教师在职研修的制度化也取得了很大进展，20 世纪 60 年代前后，各都、道、府、县以理科教育中心为母体的在职研修地方教育中心陆续设立，如今包括市、町、村为单位的在职研修中心已达到 200 余所。这些研修中心，每年在开办新任教师研修、5年教龄教师研修、10年教龄教师研修等教师在职教育研修讲座的同时，还按照学科、题材、主题分别开设数量庞大的各种讲座。每年总计有近一万场讲座开讲，数十万教师参加。问题是，这些讲座大部分都是以单向授课或讲演等传递式讲习的方式实施。而支撑这种单向传递式讲习的正是日益推广的将课堂看作科学性原理与技术的适用过程的教学的科学性研究。

20世纪70年代以后，以在职教育为目的的新型大学不断设立，而已有的国立大学也接连开始创设教师在职教育硕士课程，“教学的科学性研究”及以其为基础的“学科教育学”研究构成了当时日本教师专业研究领域的核心。

这样，日本“教学的科学性研究”的形成与普及超越了推进者的主观意图，并与1958年《学习指导要领》修订以后的学校管理政策及对教师研修的制度性管理联结在一起，其本身作为经济高速增长期学校政策的一环，具有浓厚的产业主义意识形态色彩。教学的科学性研究的普及，推动了封闭于官僚教育行政制度体系内的教师专业化发展，实现了补充并加强教师专业化发展的实际功能。

（四）学科内容的现代化

学科教育的发展促进了按照学科内容所对应的科学内容来开发有效教材程序的教师研究运动。这个研究运动也是在欧美的“新课程”运动（课程改革）的影响下而展开的。但是与由教育行政部门和教育学者主导、主要以高中为中心来推进课程改革的欧美国家不同，以教师和教育研究者合作的民间教育团体为基础，主要以小学与初中课程为中心展开“学科内容的现代化”可以说是日本的主要特征。

“学科内容的现代化”最初是在20世纪60年代初由民间教育团体提出的教育改革运动。到20世纪60年代末，以修订《学习指导要领》为契机，日本文部省也开始推进教育现代化。1960年日本数学教育协议会提出“算术与数学教育的现代化”，科学教育协议会也将“自然科学教育的现代化”作为其主要课题。这些以“将教育与科学相结合”作为口号的民间教育运动所主张的“学科内容的现代化”是对战后新教育“生活单元学习”的经验主义进行批判，以摒除其弊端为主要目的而展开的。然而，文部省所推进的“教育的现代化”主要以产业社会科学技术革新为背景，倡导科学的步骤及态度的主体性学习论是其主要特征。

“学科内容的现代化”运动促进了很多教材开发项目。其中以远山启为中心开发的“水道方式”（数学）和板仓圣宣开发的“假设与实验的教学”（理科）、细谷纯和高桥金三郎等开发的“极地方式”（理科）、明星学园开发的“日本语”（语文）等教育实践，都受到了学习困难的学生及寻求教学活性化的教师的狂热支持，进而引发了自主编撰教材的运动（柴田，1981）。

但是，日本经济高速增长期的授业研究并不是全都以“学科内容的现代化”为主的。经济的高速增长所引发的社会结构性变化，一方面促进了产业社会飞速的发展，另一方面也造成了地域共同体的解体，使生活和劳动的意义变得抽象化，从而引发对学校教育价值的重新思考。“生活与教育相结合”被认为是课程改革的核心课题。东井义雄的《村庄建设学力》（1957年）是他在敏锐洞悉经济高速增长背景下学校所面临的问题后对教学实践的记录。以东井为首的扎根于地方的教师们指出，学校所追求的“学力”是“丢弃村庄的学力”，必须根据儿童与地域居民的生活文化来重新建构学科内容。这个“扎根于地域的教育”是他在日本经济高速增长期中教育实践的另一种动向。这种教育实践是将学科内容中处于对立位置的“科学”与“生活”相融合的一种尝试。

（五）混乱的教育实践

因经济的飞速发展而受到世界瞩目的1980年前后，日本高中的入学率达到94%，大学本科与专科的升学率达到38%，日本的学校达到了制度性数量扩充的最高峰，进而迎来学制颁布后教育近代化的终结。也正是在这一时期，日本中学的校园暴力事件陡增，从那以后，自闭、逃学、欺凌、厌学等导致学校解体危机的各种现象持续至今。现在，学校是什么、为什么要去学校、为什么要在学校学习，这些最根本的问题已成为困扰大量学生的痛心的疑问。

引发上述学校危机一起爆发的原因主要有两个。一是随着近代化的实现，学校的规范性与正统性衰退；二是由于考试竞争的激化与管理主义的指导，引发学校窒息及教师的权力式权威性指导等日本学校历史上一直存在的各种问题喷发。

为应对这些危机，日本教育改革修辞也发生了变化。1984年第一次临时教育审议会上，人们批判了中央集权式的整齐划一的教育，提出引进民间教育活力的教育“自由化”、“个性化”理念，确定将一直由国家管理的学校这一公共领域放权给市场管理调节的改革方向。随后文部省推进“规制缓和”，“选择为主”课程与推进“个性化”教育成为日本学校改革的中心标语。以施行学校五日制为契机，开始呼吁教育精简化，随着数字媒体教育的推进又提出学校电脑空间化的构想。

不断激化的导致学校解体的危机要求我们对“学校”、“课程”、“课堂”进行重新定义。日本学校的历史是一部由中央集权制的行政机构提供单一的教育模式，通过组织个人主义的学力竞争而达成效率型教育的历史。现在已经到了必须从根本上改变这一教育构造和体制的时期。

但是，时至今日，日本还没有对改革的方向达成一致。一方面，提倡削减学校的公共性，放权给民间的教育产业及市场自由竞争的“自由化”和“个性化”的改革，由政府和中央机关所推进；另一方面，提倡将教育行政官僚性管理下的学校转变为共同体民主性管理，以人与人之间的学习联系网络为基础对学校公共性进行再构建的改革探索，也正在进行。学校改革究竟是走市场之路还是走共同体之路，这是日本社会未来需选择的问题，也是随着教育危机的不断加剧，渐渐成为日本国民关注的焦点问题。

今后教学与课程的研究与实践探索，势必会与教育改革的动向密切呼应，不断发展。日本的教育改革多年来一直通过对欧美各国教育范本的模仿来寻求出路。但是，现在欧美各国教育也同样面临现代主义病理这一课题。日本已无法再以海外的教育模型为效仿对象。因此，今后为解决世界共通的教育改革课题，跨越国界进一步互相交流和学习各自丰富的研究与教学实践经验将变得更为重要。在下一章中，将对以英美为中心的课程研究及教学研究范式的转换进行探讨，希望借此可探索出对今后教育改革的启示。

第四章

教学研究范式的转换

近二十年间，教学与课程的研究发生了巨大的变化，出现了由实证主义到后实证主义、由结构主义到后结构主义、由规范性研究方式到阐释性研究方式的教学研究范式转型。这一转型是以20世纪70年代对行为科学范式的批判为起点的。

行为主义与实证主义教育研究的起源可以追溯到20世纪初期华生的心理学研究。华生终身坚信通过将鼠与猫动物实验中的“刺激”与“反应”运用到人类的学习中，可以将任何一个人都培养成“天才”。据说基于这一信念，他甚至将自己的孩子也带到动物实验室中培养。正如这个传说所表明的那样，行为科学与实证科学的心理学是以能够从技术上控制人类的学习与发展这一信念与欲望为基础的。华生的这一信念与欲望在20世纪20年代由桑代克的学习心理学加以具体化，到了20世纪60年代则被倡导“程序学习”的斯金纳的教育技术学所继承。但是，其广泛渗透到教育一线教师的日常教学实践中，则是由于20世纪60年代后被称为“过程—产出模型（process-product research）”教学研究范式的普及。

一、行为科学的范式
——“过程—产出模型”

（一）行为主义的教学研究范式

首先，让我们回顾一下基于行为科学的教学研究的代表性模型。图4-1所展示的是邓金（M. J. Dunkin）和比德尔（B. J. Biddle）在《教学研究》（1974年）中所阐述的研究模型，它清晰地展示了行为主义教学研究的典型结构。

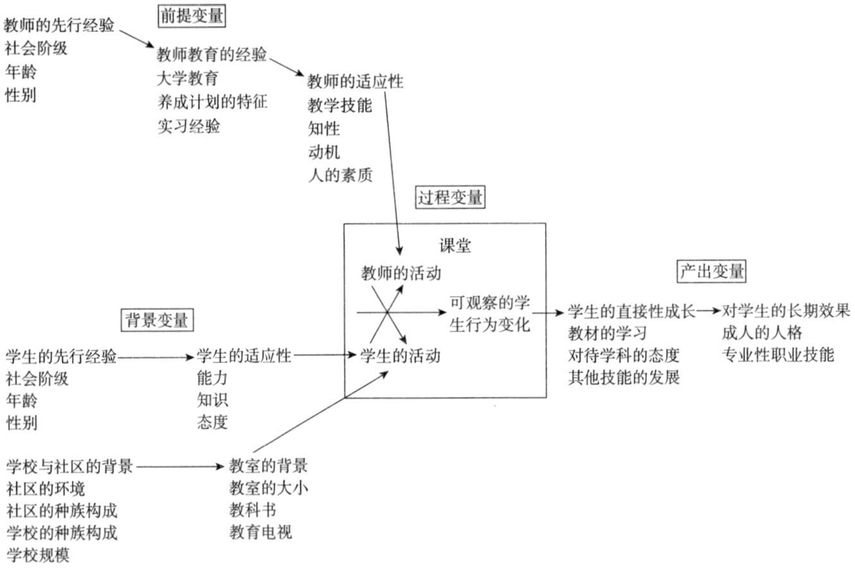

（M. J. Dunkin and B. J. Biddle，*The Study of Teaching*，Rinehart & Winston，1974）

图 4-1　教学研究的行为科学模型

邓金和比德尔的模型把教学过程分割成“前提变量群（presage variables）”、“背景变量群（context variables）”、“过程变量群（process variables）”、“产出变量群（product variables）”四个变量群。“前提变量群”包括教师的性格、经验、教育、教学能力等；“背景变量群”包括学生的素质与能力，教室、学校的环境；“过程变量群”包括教室中教师与学生的各种可观察的活动；“产出变量群”包括对智力、社会性、道德等学生的成长产生短期与长期影响的教学效果。

其中“前提变量群”与“背景变量群”被认为是构成教室中教与学过程的前提条件变量群。对教与学的研究主要集中在探究被设定为“暗箱”的教室中的“过程变量群”与作为教与学的结果的“产出变量群”的关系中（Dunkin and Biddle，1974）。因此，这个模型通常被称为“过程—产出模型”。在从 20 世纪 60 年代至

70 年代所普及的教学的科学性研究中，其作为代表性研究模型起到支配性作用。

（二）“过程—产出模型”的特征

下面让我们整理一下“过程—产出模型”的主要特征。

在“过程—产出模型”中，教学过程被看作功能主义式的系统。对教与学的研究主要表现为对独立变量与从属变量的相关关系进行数据分析并说明其因果关系。这种功能主义式的系统技术学显然继承了以博比特为原点、以社会效率主义生产工程为蓝本的学习模型（“目标、成就、评价”模型）及泰勒、布卢姆的行为科学的教学研究传统。“过程—产出模型”是以追求生产性和效率性的产业主义与行为主义的传统为基础，作为通过系统工程学技术统制教室中教与学过程的研究而不断展开的。

在“过程—产出模型”中，教与学的过程被视为价值中立的技术性过程，而汇集了教育价值的教与学的内在经验被视为“暗箱”。在将构成教学的多样的要素置换成可观测的单独变量来研究的“过程—产出模型”中，每一个人的内部经验的个性与整体性，都被分解成了可观测的、可量化处理的均质要素，被转换成了追求生产性、效率性的技术性过程。

舒尔曼（L. Shulman）在阐述以“过程—产出模型”为起点的范式转换过程中指出，“过程—产出模型”教学研究缺乏“内容（content）”、“认知（cognition）”、“背景（context）”这“3C”。正如舒尔曼所指出的那样，“过程—产出模型”的教学研究往往不对教学内容进行探讨，不对师生的认知与思维进行探讨，不对课堂的社会背景进行探讨，而是仅对教材开发程序与教育技术有效性的验证展开研究。

尽管如此，“过程—产出模型”还是给20世纪60年代至70年代的教学研究带来了压倒性影响。甚至说“教学研究”这一领域本身就是基于“过程—产出模型”而形成的，也不为过。客观地、科学地分析教学过程，认识课堂中产生的事实与现象的因果关系，并以合理的技术对教学过程加以控制的欲望是“过程—产出模型”教学研究的重要推进力。

20世纪60年代至70年代产业主义社会飞速发展，科学技术教育的推进成为各国教育改革的核心课题。在产业社会飞速发展这一背景下，通过系统工程学合理地统制教育过程的“过程—产出模型”的教学研究得到广泛推广。

二、对行为科学的批判（1）
——教育目标与教育评价

20世纪70年代，对课程的行为科学式研究与“过程—产出模型”的教学研究批判的声音越来越多。这些声音在八九十年代，发展成从根本上转变教育理论范式的运动。所有的教育目标是否都可以用行为语言来表述？这种表述从教育的角度看是否妥当？用生产性和效率性的基准来控制教与学的过程不会抹杀教育经验的复杂性及多层性吗？关于课程开发与评价的行为科学研究及教学研究的“过程—产出模型”不会导致教与学的创造性被剥夺，助长教育的划一化吗？真的应该像“过程—产出模型”那样将教与学的过程作为技术性过程来控制吗？这一系列的困惑与质疑为教学研究新范式的创造做好了准备。

（一）阐释性评价

1972 年在剑桥大学召开的课程评价研究会成了对行为科学展开持续性批判的导火索。在这个研究会上，帕利特（M. Parlett）与汉密尔顿（D. Hamilton）在报告中指出，“过程—产出模型”中被视为“暗箱”的课堂具体经验才应该被设定为课程评价的对象，并且提出以“照明课堂（暗箱）”为寓意而命名的“阐释性评价（illuminative evaluation）”。

帕利特与汉密尔顿将行为目标的课程评价比喻为肥料实验，称其为“农业植物学范式”并做出了以下五点批判。

（1）教学过程以变量极多为特征，与传统的评价方法所预设的情况不同。

（2）事前事后研究（“过程—产出模型”）是以改造性程序在研究过程中不变为前提的。

（3）传统的方法因仅限于可测数据等限定条件，使研究领域肆意受到人为限制。

（4）基于庞大的样本与统计处理的标准化研究，对于局部现象与异常事件反应迟钝。

（5）这种评价的“客观真实”不能回应多样立场上的多样的利益与关心点。

帕利特与汉密尔顿提出基于“社会文化人类学范式”的“阐释性评价”以克服“农业植物学范式”的不足。“阐释性评价”与行为科学的定量评价不同，是通过灵活运用“基于参与观察法的观察记录”、“访谈”、“问卷与测试数据”、“纪实作品与相关的背景信息”等，对“教学系统”、“学习环境（教材等）”的特征进行质性评价的研究。具体地说，经过三个阶段：第一个阶段，“研究者的观察与探究”；第二个阶段，“焦点化的研究”；第三个阶段，“一般性原理的探究”（Parlett and Hamilton，1976）。

对于“阐释性评价”，也有担心其陷入主观性评价及批判其有将特殊事件一般化的危险的批评性意见。但是，“阐释性评价”在“过程—产出模型”的研究中，显示了对被视为“暗箱”的教室（教学过程）的研究的重要性，批判了一直以来的基于测验的量性评价这一专注于数字的游戏，成为促进以更自然的方法观察、描述教与学过程研究的契机。

（二）罗生门方法

在美国推进英国帕利特和汉密尔顿主张的是同样出席了这次剑桥大学会议的伊利诺伊大学的阿特金（J. M. Atkin）。阿特金是 20 世纪 60 年代“新课程”代表性案例之一的“伊利诺伊初等科学教育计划”的合作研究者之一，也是精通行为科学的研究者。在“伊利诺伊初等科学教育计划”的开发过程中，阿特金遇到了课程改革并未受到来自教室的冲击而展开、研究越是精细课程越是僵化的问题。他认为：“在关于课程编制目标的各种文献中，将行为主义可界定的目标、可容易测定的目标，设定为学校的重要目标的倾向非常强烈。这种倾向被认为是理所当然的。如果某一学习目标无法作为结果出现、无法测定，那它一定会被认为是不重要的。”“如果普遍接受并期待将所有结果都置换成行为语言，那么，课程最终一定会越来越强调可使之实现的要素。难以发现的重要结果、近乎不可能由行为语言置换的重要结果，将会趋于式微。”

阿特金进一步把基于行为目标的课程开发过程称为“技术

学模型（engineering model）”，强调教育的技法是类似于“炼金术”的复杂的技法，拥有“技术学模型”不能说明的丰富性。从以“炼金术”为原型的阿特金教育技法的见解看来，课程开发的场所应在课堂。

1974年在东京召开的OECD教育研究革新中心与日本文部省共同主办的“课程开发国际讨论会”上，受到吉田章宏的启发，阿特金将自己的主张命名为“罗生门方法”。这一方法显示了不同于“技术学方法”的性质。“罗生门方法”这一名字是与在戛纳国际电影节上获得金奖的黑泽明导演的电影《罗生门》类比来命名的。之所以以此命名，主要是为了强调表达课堂的事实可以从多种角度做多义的解释。下面简单介绍一下阿特金所指出的“技术学方法”与“罗生门方法”的不同。

“技术学方法”采用了以生产系统为模型的教育技术学的方法。其开发的一般策略是：“一般目标”→“特殊目标”→“行为目标”→“教材”→“教学过程”→“对照行为目标的评价”。用阶段性目标来显示，分析性的、原子论式的研究方法是这一研究的主要特征。

与此相比，“罗生门方法”表明认识的相对主义立场，像电影《罗生门》那样，是以不同立场、不同视点来描述和评价事件与事实的整体论研究方法。其开发的一般策略为：“一般目标”→“创造性教学活动”（包括教材编制）→“描述”→“对照一般目标的判断评价”。

在课程评价中，“技术学方法”采取的是以特殊化行为目标为基准的心理测量学客观的、定量性评价，而“罗生门方法”采取的是不刻意强调目标的评价，多角度综合进行“主观的、常识性描述”的方法为其显著特征。作为研究方法，“技术学方法”采取的是“抽样法”，而“罗生门方法”采取的是“案例法”。在讨论了阿特金的建议，并对上述两种研究方法进行了具体比较后，“课程开发国际讨论会”会议报告明确指出必须在现阶段明确及强化这两种不同立场的研究。

表 4-1 “技术学方法”与“罗生门方法”的比较（1）

——一般步骤

技术学方法 (technological approach)	罗生门方法 (Rashomon approach)
一般目标（general objectives） ↓ 特殊目标 (specific objectives) ↓ 行为目标 (behavioral objectives) ↓ 教材（teaching materials） ↓ 教学过程 (teaching-learning processes) ↓ 对照行为目标的评价 (evaluation based upon behavioral objectives)	一般目标（general objectives） ↓ 创造性教学活动 (creative teaching-learning activities) ↓ 描述 (description) ↓ 对照一般目标的判断评价 (judgement against general objectives)

表 4-2 “技术学方法”与“罗生门方法”的比较（2）

——评价与研究

技术学方法	罗生门方法
聚焦目标的评价 (goal-reference evaluation)	不拘泥于目标的评价 (goal-free evaluation)

一般性评价框架 (general schema)	各种各样的视角 (various perspectives)
心理测量式测试 (psychometric tests)	常识性描述 (common sense description)
抽样法 (sampling method)	案例法 (case method)

表 4-3 “技术学方法”与“罗生门方法”的比较（3）

——目标、教材、教学过程

	技术学方法	罗生门方法
目　标	“行为目标” (behavioral objectives) “特殊化”(be specific !)	“非行为目标” (non-behavioral objectives) “一般化”(be general !)
教　材	从教材库中选样，有计划地分配 (sampling from material pool and “planned allocation”)	在教学过程中发现教材的价值 (discovering the value of materials in teaching-learning processes)
教学过程	按照既定计划开展 (predecided)	重视即兴 (impromptu)
强调点	教材的精选与合理使用 (design of teaching materials)	教师培养 (teacher training，in-service training)

（日本文部省，《课程开发的课题》，大藏省印刷局发行，1975 年）

（三）鉴赏与论评

不同于课程开发与评价的技术学方法，从艺术批评的立场展开独自评价的是美术教育研究者艾斯纳（E. Eisner）。他批判了行为目标的价值中立性及对其应用领域的无限扩大，并以艺术评论为模式，提出了名为“鉴赏（connoisseurship）”与“论评(criticism)”的评价方法。

艾斯纳认为，教育是“价值性的追求”，行为目标中所强调的“客观性”绝不是独立于教育价值之外的。艾斯纳认为，行为目标是以“训练儿童使用其能够掌握、运用的文化性手段”这一教育观为前提的目标论；如果立足于“为使文化可持续性发展而让学生改造并发展文化性手段”的教育观的话，则需要另一种目标论，并主张除行为目标之外，在课程中还有问题解决目标与表现目标的领域。艾斯纳还指出，行为目标可发挥有效作用的地方是与技能形成及熟练相关的限定领域，正如问题解决型学习与创造性表现所体现的那样，在不以达到所预设目的为目标的寻求开放性结果的学习中，所应追求的不是行为目标，而应是问题解决目标与表现目标。

与行为科学的数量化方法不同，艾斯纳的课程评价研究是以艺术批评为原型的质性研究方法，是一种以倡导“教育性鉴赏”与“教育性论评”为基础的质性研究。

所谓“教育性鉴赏”，正如品味葡萄酒与鉴赏古董一样，是基于多年经验积累而形成的直觉与慧眼的评价。其特点在于，即使不能用语言清晰地陈述评价的根据、理由与含义，也能基于经验与直觉细腻地进行直觉性评价。而“教育性论评”则是基于这种“教育性鉴赏”所展开的分析性评价，是受相关领域理论与知识所支撑的评价。

以美术作品的评价为例，古董商所进行的鉴定是“鉴赏”，美术史家与美术家所进行的评价是“论评”。“论评”不停留于直觉性评价与判断，而是用分析性话语来说明评价与判断，从理论上揭示其含义。艾斯纳指出，“教育性鉴赏”是拥有私人性质的评价，而“教育性论评”则是担负公共作用的评价。他提出，必须通过有效组合这两种评价方法来描述与评价被行为主义教育评价所忽略的评价对象以及不能量化的评价对象（Eisner，1979）。

三、对行为科学的批判（2）
——理论性知识与实践性知识

（一）施瓦布的批判

以行为科学为基础的课程开发与“过程—产出模型”的教学研究的普及，造成教育研究的扭曲，并派生出教育理论游离于教学实践之外的问题。指出这一问题并提出展开教育实践性探究必要性的是芝加哥大学的生物学与教育学研究者约瑟夫·施瓦布（J. Schwab）。

施瓦布是“新课程”的代表性教科书 BSCS（生物学教科书）的开发者之一，曾任 BSCS 的教师用教学参考书编辑委员会委员长，也是“学问中心课程”的核心指导者及推进“探究的科学教育”、促进大学教养教育的教育学家，同时还是一名以继承杜威的教育哲学、倡导“学习共同体”而闻名的教育哲学家。

施瓦布提出的“学科结构”概念是一个体现了学习中探究性特征的概念。他将“学科结构”分为“实词结构（substantive structure)”与“句法结构（syntactic structure)”。所谓“实词结构”，是指在何种话语体系中选择的语言来表达知识内容的结构，即显示知识含义的结构。而“句法结构”是指认识、表达该知识修辞学的结构。施瓦布重视的是这两种结构中的后者——“句法结构”，他认为只教知识含义结构（实词结构）的教育不过是教授“服从性修辞学”的“奴化教育”。而“探究学习”是通过获得隐含教育内容结构修辞学的过程来实现的。施瓦布认为，数学有数学特有的表述结构及论述方法，生物学有生物学特有的对话程式。这种对话的结构就是把科学的学习引向探究式学习的基础（Schwab，1964)。

（二）“实践性话语”的复兴

但是，现实中所推进的“新课程”的开发与评价，是在以“泰勒原理”为代表的行为科学、技术学的研究方法支撑下得以推进的，而“过程—产出模型”的教育学研究范式也在学校中得到普及。1969年，施瓦布开始发表题为《实践》的系列论文，对抗以行为科学为基础的“理论性话语”，并指出了在教育研究中恢复“实践性话语”的必要性。

施瓦布在《实践》（1969年）中指出，自上而下的课程改革所推进的“理论性样式”的话语在教室中愈泛滥，教师的“实践性样式”的话语愈处于衰弱、“濒死”的状态。他强调教师进行课程开发“实践性样式”的独特性。

概括说来，施瓦布主张的要点与“理论性样式”这一强调以形成新知识为目的、以对特定事件的严密认识为内容、以应用已有知识于未知领域为方法的求知样式不同。“实践性样式”的探究目的与其说是形成特定知识，不如说是解决实践问题的一种意志倾向，其认识内容不是严密的特定知识，而是综合多种理论所获得的整体认识，并认为其方法只能是立足于不确定的前提从事未知问题的解决。

施瓦布认为“实践性样式”的探究方法具有“熟虑术（art of deliberation）”与“折中术（art of eclectic）”两个主要特征，正是这两个特征引导出了“实践性样式”不同于“理论性样式”的独自特色。所谓“熟虑术”，不是“理论性样式”的新知识的发现与形成的方法，而是从多样的视点深化对已知知识的理解，并对其进行重新解释的方法。而所谓“折中术”，不是像“理论性样式”那样，从特定理论视点出发做出的限定性阐明方式，而是意味着对多样的理论进行取舍、综合进而展开的实践性的选择与判断方法（Schwab，1969）。

（三）实践性探究的领域

施瓦布所提出的“实践性样式”话语的复兴，提示了不同于行为科学与“过程—产出模型”理论研究的实践性探究的可能性。施瓦布的探讨尽管停留在哲学性论述的阶段，但在《实践性工作》（1983年）中，用“教师”、“学生”、“教材”、“环境”四个要素的矩阵表示了他所提出的“实践性样式”的探究构成课程的课题领域（如图4–2所示）。

	教师	学生	教材	环境
教师				
学生				
教材				
环境				

图4–2　课程的实践性探究的课题领域

这四个构成要素中，仅两个要素的矩阵组合就能形成课程与教学的实践性探究相关的10个课题领域。例如，可以形成以下课题。

〈**教师·教师**〉教师的专业技术、教师的自我认同、教师的教学经历、教师的教育信念、教师的教养与文化、教师教育、教师的社会政治意识等。

〈**教师·学生**〉教师与学生间的关系、教师对学生的理解、学生对教师的理解、教师对学生的回应、教师与学生间的沟通、个别指导与同步教学、教育评价等。

〈**教师 · 教材**〉教师的教材观、教师对教学内容的理解、课程设计、教材与单元的构成、教案、课程与教学的评价等。

〈**教师 · 环境**〉教室环境的构成、教具的选择与准备、教科书、黑板及视听设备的应用等。

〈**学生 · 学生**〉学生的自我认同、学生的人际关系、学生的身体与语言、性别、学力差异与文化差异、互相学习的关系、合作学习与个别学习等。

〈**学生 · 教材**〉认识与表达的内容与方法、认识与表达的个性与多样性、学习的概念、学习的阶段与过程、学习的兴趣与爱好、学习的设计、学习的评价等。

〈**学生 · 环境**〉学习环境的设计、学习的社会背景、学习资料的应用、观察与实验、电脑的应用、图书馆与博物馆的利用、笔记与工具的利用等。

〈**教材 · 教材**〉教学内容与教材的构成、教学内容的结构、单元的组织、教学项目与课程的开发等。

〈**教材 · 环境**〉教科书、教材与教具的准备、实验器具与操作台的配备等。

〈**环境 · 环境**〉教室文化、教室氛围、课时、讲台与课桌椅的配备、墙报与展示物、教室中的图书、社区的人才与资料资源的利用等。

上述只不过是列举了图 4-2 矩阵所示课题的一小部分，而且这些课题不过是选择了四个构成要素中的两个要素的组合。在实际的教学与课程中，这些课题更加多层地交织在一起构成复杂的问题。施瓦布主张，不应像行为科学的方法与“过程—产出模型”的研究那样将教育实践的问题人为地单纯化为技术学问题，而是应要综合人文社会科学方法进行实践性探究。

立足于现象学与批判论的“概念重建主义者”也同样对课程话语中行为科学方法所导致的单一化问题展开了批判。休伯纳（D. Huebner）批判了课程话语单纯化为技术学话语的倾向，指出课程中隐含政治价值、经济价值、社会价值、伦理价值、审美价值等多种价值，主张在课程话语中恢复这些价值的复杂性。派纳（W. Pinar）也论及“课程”的词源是拉丁语的“跑道”，意味着“人生的履历”，提出了将课程作为学习者之经验履历来重新界定课程的课题。

这样，通过施瓦布、休伯纳、派纳的批判性研究，课程与教学的话语超越了系统与程序的技术学框架，转变为对课堂中产生的复杂问题的实践性探究。

四、基于参与观察的研究

（一）“过程模型”

经过上述范式的转换，20 世纪 70 年代以后，“参与观察法（participant observation）”的课堂研究得到了积极推进。参与观察法是文化人类学的研究方法，是比较长期地进入特定区域，反复观察与收集记录，从事概念化的质性研究的方法。与预先设定假设的分析模型，通过对数量庞大的对象与样本的实证使之一般化、概念化的社会学与心理学的定量研究不同，参与观察法是以某一特定地区为对象，原则上不确立严密的分析模型的假设，从具体的事实记录中个性化地描述对象并概念化的方法。教育研究的场合则是以特定学校与特定课堂的师生活动为直接对象，描述活动情境所产生的问题并使之概念化。

将文化人类学的方法引进课程与教学研究的起点，可以从英国的纳菲尔德财团的“人类课程计划”评价研究——斯滕豪斯（L. Stenhouse）的“过程模型（process model）”中找到。斯滕豪斯在教学过程中寻求课程开发与评价的实质性过程，提出了“作为研究者的教师（teacher as researcher）”的概念，推动了教师与研究者的合作研究。

受到了斯滕豪斯的观点的启发，曾参与过科学教育项目评价研究的沃克（R. Walker），直面广泛普及的弗兰德斯互动分析所不能阐明课堂事件的多种意义与社会背景的局限性，于1971年率先将录像机带到教室中，促进了参与观察法的发展。活用图像记录的课堂研究，在其后随着录像机的简便化，作为参与观察法的有效技法而得到普及。

（二）参与观察法的特点

适用于不同研究目的与主题的研究方法的多样性，很难像定量研究的方法论那样一般公式化，是基于参与观察法的课堂研究的主要特征。虽然如此，但总体来看，无论哪些研究都显示以下共性。

（1）在一定时期深入特定的学校与课堂，通过对观察与访谈得来的生动事实的记录、描述与分析，谋求关于个别对象与问题的个性描述与概念的概括化、一般化（观察—记录—概念化的方法）。

（2）所观察与记录的事实，被视为是对教学过程与背景中固有的含义做出多义解释。对于课堂的事实，不仅包括语言性、行为性外显的事实，而且也对非语言性的潜在事实进行研究。

(3) 在概念化中，比起“信赖度 (reliability)”更重视“妥当性 (validity)”，注重揭示定量研究中不能充分认识的部分。

(4) 多数情况下，作为个别地应对解决课堂实践性问题的行动研究的一环而被推进。教师与研究者的合作研究受到鼓励，教师不再是单纯的研究对象或为研究者提供帮助的合作者，而是一名研究者，是教学与课程开发与评价的主体。同时揭示教师教学目的与教学实践之间的差距，并关注这种差距，同教师一起协同合作推进课程开发与实践。

(5) 作为被推进的行动研究的一环，课程开发在研究过程中得以实现，并且是在作为专家的教师的实践性见识与自律性形成的支撑下不断发展的。

拥有这些特点的基于参与观察法的研究，立足于教学的个性与复杂性，焕发出“过程—产出模型”研究中所未能有的改造活力。但是，因为这种研究是借鉴及应用了文化人类学方法而形成并发展的，所以多数研究倾向于将课堂的事实还原为课堂外的阶级与种族的结构并加以说明研究，这一点也是不能否认的。阐明课程开发与教学改革的内部过程，对现在支配性的技术原理进行批判性验证的研究，或是可以揭示课堂中教师与学生的挑战的研究的推动与发展，还尚待今后案例研究的积累。

第五章

教与学：意义和关系的重建

一、教学的两种概念
——“模仿模式”与“变化模式”

（一）两种教学概念

我们称为“教学”的实践绝不是相同的。不同学年阶段教学题材与教学对象的儿童都不尽相同，而教师的人格素质、个性、教养、教育观也是千姿百态的。长期从事教学观察的人都知道，任何课堂都有其各自的特征，也有各自的问题。

尽管有这种多样性，但如果用“教学”这一从本质上界定教师行为的框架来分析时，可以抽出两种不同概念。芝加哥大学教育学教授菲利普·杰克逊（P. Jackson）在《教学这一实践》（1986年）中，根据不同特征，将这两种概念分别称为“模仿模式（mimetic mode）”与“变化模式（transformative mode）”。

所谓“模仿模式”，是起源于古希腊的“模仿·再现”传统的教学概念，指的是以知识与技能的传授与习得为基本的教学方式。正如“模仿·再现”被当作“认识”的基础那样，“模仿模式”在科学技术飞跃发展的近代学校中，作为支配性模式被制度化了。可以说，将“教学”作为文化传承（传递）的实践这种常识性见解，就是这种“模仿模式”的教学概念。

“变化模式”同样也是起源于古希腊，以苏格拉底的“产婆术”为传统，将促进学习者思考态度及探究方法的形成作为基本理念的教学概念。苏格拉底认为，教学不是向学习者传递知识、技能，而是教授“无知之知”。通过对话使学习者感受自身的偏见与教条，教育他们热爱智慧。这种“变化模式”被中世纪修道院与大学中以修辞学为核心内容的学艺教育继承了下来，并在20世纪被新教育（进步主义教育）的儿童中心主义谱系所继承。一般说来，将“教学”定位为文化的再创造（改造）而非文化传递的见解，对应的就是这种概念。

（二）历史性、地理性对比

“模仿模式”与“变化模式”这两种教学理念的对立是具有广泛的历史性与地理性的问题。例如，在欧美教育的历史上，这种对立表现为对“实质陶冶（substantive discipline）”与“形式陶冶（formal discipline）”这一古典问题的讨论。所谓“实质陶冶”，持“将教学内容知识的学习作为教育价值”的立场；所谓“形式陶冶”，则是持“将通过学习所形成的态度作为教育价值”的立场。在第二章中，我们提到夸美纽斯的教学论将教学比作印刷术，提出让所有儿童掌握一切知识的教学技术的构想，可以说，夸美纽斯的教学论是申明“实质陶冶”立场的典型。而同样在第二章中提到的赫尔巴特的教育学则是用“教育性教学”这一概念把所有教学置于“陶冶品性”这一道德教育之中加以统合的构造。赫尔巴特的教育学是以“形式陶冶”的立场为轴心加以理论化的教育学。克伯屈也同样从“形式陶冶”的观点出发，在他所论述的“地图教学”中，“第一次学习”是关于地图知识的学习，同时形成学会操作技能的“第二次学习”，进而展开形成态度与道德的“伴随学习”，克伯屈大力强调这种“伴随学习”的价值。

从地理分布上对比“模仿模式”与“变化模式”可以发现，在中国、韩国、日本等亚洲国家的教育中，“模仿模式”的教学占支配性地位，而在欧美各国教育中，主流文化为“变化模式”的教学。与反复模仿教师（私塾先生）的亚洲教育文化相比，欧美教育强调个性化的、独创性的学习，对模仿学习持否定态度。比较各国教学录像可以发现，与追求同步地、高效地传递大量知识、技能，通过个人间的竞争促进学生熟练掌握知识的中国、韩国、日本的“模仿模式”相比，欧美的教学则以每个人都进行多样的、个性化的探究、表现，并承认差异的“变化模式”为主。前者的教学追求“学会”，后者追求“理解”。

（三）教学改革的难题

但是，问题并不这么简单。试比较中国、韩国、日本的教学，尽管日本的教学以“模仿模式”为主，但也渗透了“变化模式”。现实的条件与教学实践的实际姑且不论，日本大半的教师希望脱离“模仿模式”的教学转向“变化模式”的教学。日本教学的难点之一在于，期待在“模仿模式”的文化性传统与制度性现实之下，转向欧美革新性教学的“变化模式”。

日本许多教师希望从“模仿模式”的教学变革为“变化模式”的教学不是没有根据的。“模仿模式”的教学是为了有效向大众普及大量知识、技能以适应快速发展的现代化要求而普及的后发型教育的方式。当今日本已经迎来了需要尽快超越后发型教育的时代。在根深蒂固的以“模仿模式”传统为基础的土壤上寻求“变化模式”是日本现在教学所面临的一个极大难题。

在欧美的教育中，这个问题也不单纯。例如，同样在美国，白人中产阶级子弟多数上的是以“变化模式”教学为主的学校，而中南美裔和黑人工人子弟占多数的学校，则是以“模仿模式”的教学为主的。事实上，从20世纪六七十年代，在作为“消除贫困”一环而普及的以黑人子弟为对象的“补偿教育”中，许多学校推进了基于学习的个性化与个别化的“变化模式”的教学改革，但这种尝试中的多数都以失败告终。其中一个重要原因就是，白人中产阶级的个人主义文化完全不同于尊重伙伴与合作的黑人共同体文化。可见，全盘否定“模仿模式”绝不是有效的解决策略。正因有过这样的经验教训，所以现今的教学改革，已不再单纯追求从“模仿模式”到“变化模式”的简单转型。

“模仿模式”与“变化模式”这两种教学概念都是教学改革的难题。这两种概念建构了不同的教学意义与形象，但不能说哪一种概念一定正确，哪一种概念一定错误。提出这两种概念的杰克逊仅仅指出了两种概念的历史传统及各自的特征，并未指明解决这一难题的方向。但这两种概念，作为两个指标性坐标，为我们勾勒了在探寻未来教学方向时应充分认识的坐标轴。

二、学习的再定义
——关系论认识及其实践

（一）学习的变革

世界各国教育改革中的共通课题是学习的变革。学习的划一、被动、个人主义倾向被否定的同时，学习的自主性、能动性、合作性的特征不断被加以强调。这种以学习的转型为焦点的教育改革，下列几点，反映出 21 世纪教育的基本方向。

首先，学习的变革是通过摆脱有效地传递大量知识的产业主义模式的学校教育来展开的。学校制度上量的扩充时代业已终结的后现代状态与以计算机为中心的技术科学的后产业主义社会，要求从根本上实现旧有的以知识传递与练习掌握为基本的学校教育模式的转型。在全球化市场与世界规模的电脑空间不断更新庞大信息的社会里，以稳定方法传递稳定知识的教育的存在根基已被动摇。原来的“基础学力”观念与旧有的“学科”架构本身已被撼动，对学校教育的怀疑加深了。

过去，在《被压迫者教育学》（1974 年）中，巴西教育学家保罗·弗莱雷（Paulo Freire）曾将知识喻为货币，将单向传递、记忆知识的教育称为像积攒货币一样的“银行储蓄型教育”，并对此痛加批判。时至今日，连统治阶级也开始将“银行储蓄型教育”认为是无用之物并加以批判。新型社会所要求的教育是对话型教育，是创造性思维的教育，是不拘泥于狭义专业的跨领域的知性教育，是培养选择与组织信息能力的教育，是科技文化教育，是多元化文化理解教育，是重视自然生态平衡的教育，是促进终身学习主体形成的教育。

其次，由于终身学习社会（学习型社会）的出现，学校教育的核心功能已经从对所定知识的传递转变为对终身学习者的培养。倘若与上述“模仿模式”与“变化模式”的教学概念相对应，可以说，终身学习社会的出现，迫使学校的教学与学习不得不从“模仿模式”向“变化模式”转换。

再次，学习心理学发生了变化。与上述变化相对应，学习心理学本身的研究范式也发生了转变。学界开始对华生、桑代克的行为主义学习心理学展开批判与反思，特别是 20 世纪 80 年代以来，杜威、皮亚杰、维果茨基的建构主义与社会建构主义心理学得到重新评价。这种重新评价是以人类的认知、思维和其社会过程为研究对象的认知心理学及运用了文化人类学、民族学方法论的文化心理学的急速发展为基础而得以推进的。这种建构主义与社会建构主义的学习心理学，借助以语言为媒介的工具性思考方式，为将“学习”重新界定为建构意义与关系的实践这一见解，提供了理论支持。

（二）“学习”的三种实践

向自立的、能动的、协同合作的学习转型的改革，推动了学习概念的重新定义，即将学习再定义为意义与关系的建构。

学习，从与对象（教育内容）的关系来说，是通过设问及互动探求世界并对世界的认识与意义进行自我建构的认知性、文化性实践活动。在这种认知性、文化性实践活动中，学习者建构着对象与自身的关系，建构着未知世界与已知世界之间的关系，也建构着知识与知识之间的关系。可以说，学校中的学习就是有目的、有计划、有组织地开展这种认知性、文化性实践活动。

作为认知性、文化性实践的学习，在教室这一场所中，是通过师生关系与生生关系这两种人与人之间的社会性沟通来实现的。当某种内容得到表达与传递时，通过对该内容的表达与传递，学习者与他人之间的人际关系与权力关系或得以构筑，或被破坏，或得到修复。作为认知性、文化性实践的学习同时也是作为社会性、政治性实践而展开的。在这个社会性、政治性实践中，学习者开展重新编织与教师、与其他同学，与教室之外的人际关系及其意义的实践。

而且在这个学习过程中，学习者不仅与教育内容（对象）相遇、对话，与教室内外的他人相遇、对话，也不断与自身相遇、对话。课堂中的学习者通过这种参与，既证明自身的存在，也表明自我的态度。反之，被剥夺了参与课堂学习机会的学习者将丧失证明自己存在的机会，面临迷失自我的危机。通过教室中的学习，学习者也在不断地重塑自我，这种不断重新编织自我的学习，可以说是一种作为伦理性、存在性实践的学习。

综上所述，“学习”这一实践，既是建构客体间关系与意义的认知性、文化性实践，又是建构课堂中人际关系的社会性、政治性实践，同时也是建构自身内部关系的伦理性、存在性实践。以往的教学理论与学习理论局限在认知性、文化性实践的维度上探讨教室中的学习，今后，必须根据这三种实践的多层性重新认识学习。

三、学习的理论
——建构主义及其课题

（一）社会建构主义的学习理论

视“学习”为意义与关系的建构，将学习界定为包括认知维度、人际维度、自我维度这三种维度的复合性实践，是以杜威与维果茨基为出发点的社会建构主义学习理论的主要特征。

例如，杜威认识到学习是与以工具为媒介的环境间的相互作用，但他认为以语言为主要媒介的工具性思维与反思性思维是人类学习区别于动物学习之处。他提出以语言为媒介的工具性思维与反思性思维中的意义建构过程，即沟通对话过程，将学习的认知过程看作一种社会性过程，并将这种认知性、人际性过程看作建构更好更完善的自我及学习民主主义伦理的过程。他还指出，“学校”自身是“民主主义胚芽”的小社会，必须是“学习的共同体”。

维果茨基也提出了以语言为媒介的工具性思维是学习的基本的理论。在维果茨基的心智发展理论中，核心概念为“最近发展区”。“最近发展区”是指借助其他同学与教师的帮助能够实现的教育成就可能性的领域，是借助工具与建议构成的社会性领域。这个“最近发展区”是说明“学习”与“发展”关系的有价值的概念。它不同于将“发展”混同于“成熟”，根据发展阶段来组织学习，以“学习”追随“发展”的关系来组织教育过程的教育，维果茨基认为两者间是“学习”主导“发展”的关系，主张将“最近发展区”的最高区间所开展的学习作为教育过程加以组织。

维果茨基的学习论也是以语言这种符号为工具的话语性实践。维果茨基把语言划分为作为沟通的“外部语言”及作为思维的“内部语言”，并将“外部语言”向“内部语言”“内化”的过程界定为学习。也就是说，将表现一般意义（科学概念）的沟通性语言的“外部语言”“内化”为表现学习者的感知含义（自发概念）的“思维的语言”的结构化过程定义为“学习”。维果茨基阐述这个“内化”理论时提出，“发展”首先是作为社会性过程发生的，其次才是作为心理过程发生的。

维果茨基还认为，这种“内部语言”经过体系化而构成“自我”。由于 38 岁过早离世，他的“自我”心理学未能充分加以论述和研究，但是有一点毋庸置疑，维果茨基已意识到重建弗洛伊德探究自我内部关系的心理学课题的必要性。

20 世纪 80 年代以来，社会建构主义的学习理论借助认知科学与文化人类学为其基础的心理学研究，发展出了文化心理学并使其不断发展。以人工智能的信息处理过程为对象发展而来的认知科学，使得运用行为科学所无法观测到的认知与思考过程及构造作为心理学的研究对象成为可能，而文化人类学方法为心理学提供了可根据各种特有社会性背景来探讨认知与思考的文化性意义的可能。

（二）正统周边参与论

赖夫（J. Lave）与温格（E. Wenger）所倡导的“正统周边参与论”是引进文化人类学方法，进一步发展维果茨基社会建构主义学习理论的一种新尝试。他们在调查利比里亚裁缝店学徒共同体中的学艺过程时发现，这里的学艺是在参与文化共同体的过程中实现的，而且是从共同体的周边逐渐向中心移动的。例如，在裁缝店的学徒共同体中，新学徒是从学会用熨斗开始的，但学徒从学用熨斗阶段就对已缝制好的成衣有了整体认识，并一步步地了解加工工作的全部过程，在其工作从周边到中心的移动过程中，不断学习其所属共同体的文化。

最意味深长的是，在“正统周边参与论”中，在学徒共同体中所形成的“学习”是由不同于学校组织的学习的另外一种逻辑构成的。与脱离具体背景、具体人称的学校所组织的“学习”相比，学徒共同体中的“学习”，一切都是结合了具体情境、具体人称化了的。另外，与学校中“教的课程”过剩而“学的课程”贫乏相比，学徒共同体中最小限度地组织“教的课程”，却最大限度地组织“学的课程”。学校中的学习是以从分化的、单向的、系统化的部分出发，然后分阶段积累，最终完成总体这一方式来组织的。而在学徒共同体中，就像裁缝店的学徒那样，学习是按照先从可以对工作有整体认识的周边工作做起，然后逐渐向中心工作移动的过程来组织的。学校的学习是按照个人主义式发展的垂直性过程来组织的，而学徒共同体的学习是以从一开始就将加入者编为共同体核心一员的水平过程来组织的。“正统周边参与论”是作为批判学校教育文化及制度的激进改革宣言而被提出的。

当然，把这种“正统周边参与论”原封不动地套用于学校教育制度框架内的实践是困难的。学校并不像学徒共同体那样从一开始就以作为共同体一员的关系为前提来组织的。不如说，通过每个学生的个性，使多样的文化可以多元交流才是学校教育的本质意义所在。而且，学校许多教育内容是比学徒共同体文化更为抽象的与科学、技术相关的内容。科学、技术的学习能否像学徒的技能熟练过程那样展开，也是今后必须进一步探讨的课题。但是，尽管有这些差异，“正统周边参与论”确实促使我们从根本上重新审视学校知识的非现实性及个人主义学习的这一现代主义架构，并为我们提供了一个不仅仅局限于学习变革的进行整体学校改革的新指标。

（三）中介性学习

社会建构主义的学习理论是通过批判以反映论与决定论为基础的行为主义学习心理学发展起来的。这一立场的学习理论认为现实、情境、意义、关系不是被“告知”的，而是通过学习者主体的话语性实践构成的，是基于建构主义认识论的传统发展而来的。

建构主义的起源可以追溯到康德批判经验认识论的被动性特征时所提出的基于悟性认识的建构主义。正如这种传统所表明的，建构主义学习理论无形之中将构成现实、意义与关系的主体绝对化，可以说一直以来都无视学习者的身体与时间的问题。换言之，在建构主义看来，即便有可能探求到学习主体的思考构成的客体的“现实性”，也无法探求到学习者的身体所感受的客体的“实在性”。另外，在现实的学习过程中，构成意义与关系的主体自身是不断解体、不断重建的，但建构主义往往容易忽视这一主体的重建过程。另外，这种主体重建的过程中所体验的时间，不是单向的、均质的、量性的时间，而是可逆的、循环的、质性的时间，关于这一点，建构主义理论也没能解决。

关于这个难题，至今尚未有行之有效的理论。不过，不从主体构成的侧面，而是从以事物、人物、情境为媒介的实践角度来认识和重建学习，也就是，对“中介性学习（mediated learning）”的学习探究，展开重建学习场所，重建启发及促进学习的事物、工具与人际关系的实践，可以说是解决这一问题的一个线索。近年新兴的基于计算机教育与多媒体教育的学习理论也需要在“中介性学习”这一维度上进行探讨。

四、教学的两种模式
——“技术性实践”与“反思性实践”

（一）从技术性实践到反思性实践

学习概念的重新定义迫使教学的概念也面临重新界定的局面。20 世纪 80 年代后半段以来，一直在讨论的从“技术性实践（technical practice)”向“反思性实践（reflective practice)”的转换正体现了这种教学范式的转变。

“反思性实践”的概念是由麻省理工学院哲学教授唐纳德·舍恩（Donald Schön）在《反思性实践家——专家如何思考实践过程》（*The Reflective Practitioner:How Professionals Think in Action*, 1983）中提出的。舍恩通过建筑、城市规划、临床心理学、经营顾问等专家的案例研究，主张现代的专家应在以“活动过程的省察（reflection in action)”为原理的“反思性实践”中发挥专业性，以取代以往专家以“科学技术的合理运用（technical rationality)”为原理的“技术性实践”。他还指出，“技术性实践”是以在任何情况下都有效的科学技术与原理为基础的，而“反思性实践”则是通过调动经验所赋予的缄默知识（tacit knowledge）来考察问题，在同情境进行对话的同时展开反思性思考（杜威），并同顾客合作解决复杂情境中产生的各种复杂问题。

舍恩所划分的“技术性实践”与“反思性实践”显示了对于专家实践的现代主义概念及取代这一概念的新概念间的对比。正如医生与律师这些典型事例所表明的那样，专家的实践是在专业领域的基础科学与应用科学确立的支撑下发展起来的。通过临床案例与判例的研究，解决案例的问题所必要的技术与原理变得专业化，这种专业性技术与原理的普适性经过验证而被应用于实践之中。这是一种“科学技术的合理应用”的实践。

如果立足于这种“技术性实践”的立场，那么，教育的实践与社会福利性行业的实践还只是专业性未成熟领域的实践。这是由于，解决教育问题与社会福利性行业的问题需要比较综合的知识，这些领域的基础科学与应用科学均未成熟，尚未能将解决问题的技术与原理概括化、通用化。其实，与其说未成熟，倘若考虑到产生问题的复合性与复杂性，不如说教育与社会福利性行业像医生与律师那样专业化是不可能的。

但是，舍恩认为，“技术性实践”这一概念在现代专家的实践中显露破绽。他指出，今天的顾客抱有的问题都是复杂的综合性问题，由专业化了的狭窄领域中的“技术性实践”来应对，不仅无助于问题的解决，还会引发更加复杂、深刻的问题。将自己的专业领域限于“技术性实践”，只会让自己置身事外，与人们直面的泥沼般的问题无缘。舍恩还进一步指出，在现代复杂的问题情境中，与顾客共同成长的专家将获得“反思性实践”这一新的实践性认识论，并依此展开工作。

以“活动过程的省察”这一实践性认识论为基础是“反思性实践”的主要特征。“活动过程的省察”是指通过与问题情境的对话（conversation with situation）省察问题，在反思这种省察的同时，与顾客协同合作，共同展开探索这一问题背后更大的问题的实践性探究。在这种“反思性实践”的“活动过程的省察”中，不仅注重构成“技术性实践”基础的原理与技术的“严密性（rigor)”，也尊重这种“省察”及其与现实问题的“关联性(relevance)”。另外，在“技术性实践”中，科学技术与原理的普遍正确性常成为争论的焦点，而在“反思性实践”中追求的是多样见解的共享与共识的达成。

（二）教师教育与教学研究的范式转换

舍恩的“反思性实践”并不是以教育为对象而展开论述的，但在数年后，这一概念成为推进教师教育与教学研究范式转换的主要动力。这主要是因为以往的教师教育与教学研究也是受“技术性实践”模式所支配的。换言之，以往认为存在对所有教室及所有教师都普遍有效的程序、技术及原理，所以将掌握一般化的程序、技术及原理作为教师教育的基本，并一直在各个教室之中展开应用这种程序、技术、原理的教学实践。

当然，寻求普适的一般性程序与教学技术的这种愿望，即以“科学技术的合理应用”原理去控制教学这种对“技术性实践”的期待，绝不是无根据、无意义的。从历史上看，借助合理性说明及技术化来科学地控制教学这一复杂过程的现代需求，使教学技术的一般化变为可能，并且据此实现了教师教育的制度化。这种“技术性实践”的教育实践模式，在学校教育过分制度化、划一性与效率性都受到批判的今天，可以说它的历史使命虽已经终结，但尚未完全丧失它存在的意义。学校教育这一制度是被当作技术性系统来组织的，倘若还热衷于追求效率优先的教学系统的开发及普适性教材程序的开发，那么“技术性实践”的教学与教学研究的有效性是不会减弱的。

但是，倘若批判划一的、一味追求效率的教育，期望寻求个性化的、创造性的教育，就需要冲破“技术性实践”的枷锁，寻求以“反思性实践”为模式的教学研究与教师教育。而且，“反思性实践”模式在刻画新的教师专业形象的同时，还为在“技术性实践”模式中不能有效开展的教师专业性的形成与发展提供了新视角。“技术性实践”模式认为，提供了确凿性科学技术与原理的基础科学与应用科学的确立才是专业性的基础，据此认为教师这一职业虽然需要处理复杂情境下的复合问题，而且由不确定性支配，即使有可能成为准专业职位或半专业职位，但也无法成为专业职位。而“反思性实践”模式，为我们提供了这样的理论基础：正是这种宿命般的客观情境的复杂性、问题的复合性、技术的不确定性，才使教师这一职业可能成为新的专业职位。

五、反思性教学
——实践及其表现方式

（一）反思性教学的特征

作为“反思性实践”的教学被称为“反思性教学”。关于“反思性教学”，舍恩给出了师生共同进行“反思性思考=探究”（杜威）的教学这一简明扼要的定义，并提出在“反思性教学”中教师的主要任务为“给儿童合理的理由（give kid a reason)”。他提出，乍看来无论是错得多么离谱的儿童的见解与行为，都有其合理的根据，而省察这个“理的世界”，从儿童自身思考与活动的内部来促进“反思性思考＝探究”，是教师的主要任务。

这种“反思性思考＝探究”的教学概念，指的是教师与儿童在课堂教学中与时刻出现的多样的困境相遇，思考解决问题，并参与到教与学过程当中。这种问题解决过程由与教学内容相关的认知维度、与课堂教学的对话相关的社会维度、与儿童及教师自身的自我认同与自我存在证明相关的伦理维度等多层维度组成。可以说，这种一边建构、重建这些多层问题，一边通过实践性思考不断向问题的解决一步步逼近的过程即是“反思性教学”。

“反思性教学”是以“与素材对话”为轴心，与同伴合作，共同展开“反思性思考”的教学。在“反思性教学”中，师生钻研具体的素材，通过与教师、伙伴间的沟通，建构意义，并在课堂中展开共享这种意义的学习。启发、援助这种学习的教师也与学生一样，一边展开“与素材的对话”、“与情境的对话”、“与同事的对话”，一边组织学生的对话，展开建构教学内容这一客体世界的意义的活动。

“反思性教学”是以克服理论与实践二元论的实践性认识论为基础的。在“技术性实践”教学中，教师的实践被视为科学技术与原理的运用过程，即借助已经实证过有效的科学程序与教学原理来从外部控制教学过程。与此相对，在“反思性教学”中，则是通过教学实践的过程对教材与教学程序进行重建，教师自身所拥有的认识也得到修正与发展。“技术性实践”是展开理论的实践化（theory into practice），而“反思性实践（教学）”中的理论（theory in practice）是通过实践在实践者中生成并发挥作用的。这样，“反思性教学”中的理论，在教师自身内部发挥调控思维与活动的“框架（frame）”的功能。

（二）对框架的考察与反思

“反思性实践”的倡导者舍恩将在实践者内部调控其思维与活动的“框架”分为“修辞学框架（rhetorical frame）”及“活动的框架（activity frame）”两大类型，并指出“反思性实践”就是通过这两种“框架”的不断重建（reframing，frame reflection）来实现的。“修辞学框架”指的是设定并讨论实践中所面临问题的对话（表述方法及论述方法）的“框架”，而“活动的框架”指的是为解决问题而展开的实践奠定基础并对其加以控制的行为（活动）的“框架”。

在这两种“框架”中，作为实践性认识论，重要的是“活动的框架”。在教学实践中，“活动的框架”通常先是通过教师的下意识的动作及反应来发挥作用的，但通过对实践的反思与内省，渐渐在教师脑中得以意识化。舍恩将“活动的框架”详细划分为“政策的框架”、“制度性活动框架”及“元文化性框架”三种。“政策的框架”指的是包含了教育政策与学校政策的“活动的框架”，“制度性活动框架”是学校教育制度所规定的“活动的框架”，“元文化性框架”是由学校传统与教师文化潜在支配的“活动的框架”。通过教学实践中的省察、反思而实现的“框架的重构”，是指意识到平时所未曾意识到的“活动的框架”，并不断重建多层的“框架”这一过程。就是说，“反思性教学”是使隐性的构成教育政策与学校教育的制度性实践的教育学修辞得以意识化并对其加以改组的实践。

表 5-1 展示了“技术性实践”的教学分析与“反思性实践”的教学研究的对比分析。通过此表，我们可以清晰地发现“反思性教学”在探究样式与表现样式方面的特征。“技术性实践”的“教学的科学”研究主要探讨在任何课堂上都通用的一般性技术原理，与此相反，“反思性教学”的研究则是探讨某一课堂中的偶发教学事件及某种方法的意义，是作为探讨某一位教师与某一名学生某一个活动与经验的意义的案例研究而展开的。换言之，“技术性实践”的教学研究，为实现法则、原理、技术的一般化，追求客观性的“命题（范式）性认识”，致力于系统、程序及技术的开发，而“反思性教学”的研究，旨在阐明特定课堂所产生的个别具体的经验和偶发事件的意义，追求尊重主观的“叙事（叙述）性认识”，致力于教师的实践性见识的形成与教室中各经验的意义及关系的重建。

表 5-1　两种教学研究

	“技术性实践”的教学分析	“反思性实践”的教学研究
目的	程序的开发与评价 超越情境的普遍性认识	教育经验的实践性认识 情境中细腻的个别性认识
对象	大量教学（课堂）样本	特定的某一课堂
理论基础	教学论、心理学、行为科学 实证主义哲学	人文社会科学与实践性认识论 后实证主义哲学
方法	量化研究、一般化 抽样法、法则命题学	质性研究、特异化 案例研究法、个性描述学
特征	效果的原因与结果（因果）的阐明	经验的意义与关系（因缘）的阐明
结果	教学的技术与教材的开发	教师的反思性思考与实践性见识
表现	命题（范式）性认识	叙事（叙述）性认识

（稻垣忠彦、佐藤学，《授业研究入门》，岩波书店，1996 年）

第六章

教室中对话（沟通）的结构

教与学都是作为以教材为媒介的沟通过程而展开的。课堂教学中的沟通交流与一般的沟通相比，具有哪些特征呢？什么样的沟通模式才能提高教学的效果呢？为了更好地提高教师的教学与学生的学习效果，教室中的沟通又需要如何改进呢？

一、课堂教学中的语言行为分析
——弗兰德斯的互动分析

（一）互动分析的分析范畴

20 世纪 70 年代在世界各国得到广泛普及的教室会话分析方法是互动分析法。弗兰德斯（N. A. Flanders）的互动分析是这类分析方法的代表方法。这种方法运用 10 个“分析范畴（Flanders’ Interaction Analysis Categories，FIAC）”，每隔 3 秒钟记录一次教学中师生的发言行为并将其分类，而后借助矩阵表示其数据，并按领域做出分析，是对教学的特征进行定量分析、客观分析的一种方法。表 6-1 列举了“FIAC”的 10 个范畴。弗兰德斯的互动分析法中的教学记录方法非常简单，观察者只要每隔 3 秒，分别按照（1）到（10）的编码系统将师生的发言进行分类并记录就行。

表 6-1　弗兰德斯的互动分析范畴（编码系统）

教师的发言	对应（1）包容 （2）赞赏和鼓励 （3）认同和采纳学生的意见
	（4）提问
	主导（5）讲授 （6）指示 （7）批评与维护权威性
学生的发言	对应（8）学生的发言（应答） 主导（9）学生的发言（主导）
沉默	（10）沉默与混乱

这些按照编码系统记录下来的数据，将按照前后两项的接续关系加以量化，再将其总数配置于矩阵的 10 个范畴中。例如，每隔 3 秒记录的编码数字是：5—5—5—4—8—8—3—3……那么就可以用 5—5、5—5、5—4、4—8、8—8、8—3、3—3 这样前后两项组合的单位来表示，并将这种组合起来的单位的总数在如图 6-1，10×10 的矩阵上表示出来，就可以显示课堂教学中发言的倾向。

在这个矩阵中，纵（1~4）横（1~4）板块的数字显示的是教师的间接性影响的发言倾向，纵（5~7）横（5~7）板块的数字显示的是教师直接性影响的发言倾向，纵（8~9）横（1~7）板块的数字显示的是教师对学生的发言应对的倾向，纵（1~7）横（8~9）板块的数字显示的是促进学生发言的教师发言的倾向。通过比较各板块的数值，就可以了解教师和学生在不同领域的发言倾向（Flanders，1970）。

弗兰德斯的互动分析方法的可操作性强，便于记录与分析，而且容易对课堂教学进行“中立”及“客观”的观察、记录和分析，所以在各国的教学研究和教师教育中得到广泛普及。20 世纪 70 年代的“教学的科学性研究”就是在“教学分析”的名义下开展并得到不断推广的，而推动这一运动发展的中心力量就是弗兰德斯的“互动分析”。

图 6-1　弗兰德斯范畴分析的矩阵

但是，对于弗兰德斯的互动分析中所强调的“科学性”、“中立性”和“客观性”，我们需要进行慎重探讨。因为这种分析范畴本身无形中是以特定教学观为前提的，是无法排除“主观性”与“政治性”的。

如表 6-1 所见，在弗兰德斯的“互动分析”中，课堂教学中的语言行为被分为“教师发言”、“学生发言”和“沉默”三大部分，按照“对应”和“主导”的方法来进一步详细划分“教师发言”和“学生发言”，共设定了 10 个范畴。显而易见，FIAC 的分析范畴是以教师的发言行为占据对话的支配地位的课堂为前提而设定的。在 10 个范畴之中，与分为 7 个范畴的“教师的发言”

相比，学生的发言只分为两种，而且只是简单地按照“应答”和“主导”的方法来进行分类的。“应答”和“主导”的二项关系成为范畴分类（编码系统）标准这一点也显示出FIAC的分析范畴（编码系统）是以特定的教学观为前提的。

事实上，弗兰德斯的分析构想虽然一方面是以教师的发言占据教学沟通支配地位的课堂为前提的，但另一方面，弗兰德斯还是认为比起教师“主导”性指导、学生“应答”的“直接性影响”强的教学，学生“主导”地发言、教师“应对”学生发言的“间接性影响”为基调的教学更为理想。我们必须注意到，看上去“中立”及“客观”的弗兰德斯“互动分析”也是建立在以特定的主观为前提的教学观基础之上的。

（二）对互动分析的批判

通过对弗兰德斯“互动分析”的批判，教学会话的研究得以活跃地展开。英国的汉密尔顿和德拉蒙特（S. Delamont）在1974年发表的论文就是其中一个典型，下面简单地介绍一下相关内容。

汉密尔顿与德拉蒙特都是将文化人类学方法引进课堂教学观察方法中的教育社会学家。他们通过对当时在英国迅速普及的儿童中心主义学校的课堂教学进行实地调查后指出，弗兰德斯的“互动分析”尽管有利于某一课堂与其他课堂的标准化比较，但在揭示这一课堂的课堂文化、个性特征方面是缺乏有效性的。他们的批判内容可以归纳为以下六点。

第一，互动分析无视教室的环境、教具和设施等教学背景。

第二，互动分析仅仅关注表面的、可观察的行为，不考虑这些行为背后的意图。

第三，互动分析过分偏重范畴化后所测定的内容。但是，互动分析常常会因为测定技术不成熟或错误的范畴而导致混淆、歪曲或是无视客体的特质。

第四，互动分析不是聚焦于整体的概念，而是把焦点放在活动与行为的微观要素上。因此，互动分析虽然有数量庞大的数据，但是这些数据都与预先设定的范畴自身的概念相结合并被加以说明。整体的概念只能在已设定的框架内进行说明。

第五，关于分析概念的定义，互动分析采用预先设定好的特殊化了的分析范畴。因此，当要求在互动分析中说明分析概念时，这种说明只能陷于同义反复中。

第六，互动分析对于持续的现象设定了固定范围，这就不可避免地会产生某种偏见。特别是由这种方法所记录及表述的现实，无法摆脱静态的表象（Hamilton and Delamont，1974）。

同样，运用文化人类学方法进行课堂观察的英国教育社会学家阿德尔曼（C. Adelman）和沃克指出，互动分析的最大问题在于，在传统的定型化课堂的框架下，对分析对象的“发言”进行范畴划分，将“人类沟通”中“发言”的多义性和复杂性置之度外。例如，课堂教学中的“发言”不仅是信息传递的维度，而且也是对知识意义建构的一种表现，是发言者自我认同的一种表现，还是发言者同他人联系的一种表现。但是，弗兰德斯的系统将“发言”的作用仅仅界定为“信息的传递”。

阿德尔曼与沃克指出：“弗兰德斯分析课堂教学中的互动系统受发言这一概念自身的制约。这种系统的制约在将师生之间的互动视为单向的或是双向的信息‘传递’这一点上可以发现。这种系统并没有把发言看作意义的表达与沟通，或者说并没有把对话当作人们站在他者的角度重新发现自己的手段。互动分析的前提概念仅仅是信息的交换。关于发言与知识的关系、发言与客体特性的关系、自己与他者的关系，并未在互动分析中进行研究。严

格地说，它只是‘传递’的发言，不是沟通的发言。”（Adelman and Walker，1973）

除了这些批判之外，我们还可以指出互动分析的其他各种各样的问题。例如，弗兰德斯所设定的10个分析范畴之一的“沉默”，在弗兰德斯的解释中只赋予其“无意义”这一价值。而在实际的教学中，“沉默”承担着极其多样的复杂含义，有时甚至还具有左右整个课堂教学的重大意义。另外，弗兰德斯的互动分析系统中，“发言”每隔3秒钟，被按要素区分记录，各要素是作为等价物被数量化了的，然而，在实际教学中的“发言”要素绝不是等价的。瞬间的一句话决定整个课堂走向的事例很多。这些批判性意见所指出的问题，并不是弗兰德斯互动分析才有的问题，而是实证主义、行为科学的教学分析所共通的问题。

（三）皮格马利翁效应

以弗兰德斯的互动分析为代表的实证主义、行为科学研究所存在的最大问题之一，就是在教学观察中仅将“看得见的东西”作为研究对象，将“看不见的东西”排除在外。但是，进行课堂观察就会了解，在课堂教学的沟通过程中，存在谁都能够明了地观察到的事实与不了解背景则难以理解的事实。有时，即使是“看得到”的结果，单纯靠“看得见”的现象来说明也说明不了的情况也很多。罗森塔尔（R. Rosenthal）等人研究的“皮格马利翁效应”正是这样的一个典型。

罗森塔尔等人实施了虚构的测验后，将“班级里20%学生的成绩将显著提高”的学生名字告诉了教师。一年后再次进行调查时发现，果真像预告的那样，名单上学生的成绩提高幅度超过其他学生。而事实上，这些被“预测”成绩将显著提高的学生只是经过随机抽样后被记录在名单上的学生。皮格马利翁是古希腊神话中的人物，他深深地爱上了自己所雕刻的美女雕像，所以每天虔诚祈求雕像可以幻化成人，最终在维纳斯的帮助下如愿以偿。正如皮格马利翁的故事一样，正是教师的期待影响着日常课堂教学的对话沟通，从而使学生获得了优异成绩（Rosenthal and Jacobson，1968）。

实际上，在教学这样复杂的、日常性的、长期的沟通过程之中，比起"看得见"的行为，眼睛所看不到的联系及感化起到重要作用的情况非常多。杰克逊在《不可教授的教学》（*Untaught Lesson*，1994）中提到，回顾自身受教育的经历，从教师身上学到的许多价值极高的东西，并不是从教师直接教授的内容中获得的，而多是在无意识地受到启发的事件中感悟到的。可以说，高价值内容的教学效果，比起"看得见的事件"，不如说与"看不见的事件"的关系更为密切。

上述这些批判性意见指出了以弗兰德斯互动分析为代表的行为主义教学分析的局限性。当然，这并不是说行为科学的教学分析无意义。分析课堂这样复杂的复合式的沟通过程时，任何方法都难免会有其自身的片面性和局限性，因此必须根据目的，综合地运用多种方法。

二、课堂教学中的沟通
——贝拉克的教学分析

（一）发言内容的单位及其结构

下面介绍一下实证主义、行为科学的教学分析的另一个代表性方法，这就是贝拉克（A. Bellack）等人开发的课堂分析方法。这一方法远比弗兰德斯的互动分析结构复杂，是以当时刚刚研制出来的大型计算机的数据处理为前提开发的，旨在通过数量庞大的样本分析，展示初中社会科中地理课课堂实态的研究。

贝拉克等人主要致力于克服互动分析的教学研究只能揭示课堂教学沟通的形式上的特征，却不能阐明内容的单位结构和教授学上的意义及功能的局限性。

贝拉克等人的教学分析法的分析范畴是参照维特根斯坦（L. Wittgenstein）的“语言游戏”理论设定的。沟通中的发言被认为拥有内容性含义与社会性功能两个侧面，而且这种沟通过程是作为“发话”与“接话”的“语言游戏”而展开的。例如，在课堂上，教师对上课开小差的学生说：“某某同学，去把窗户打开。”这时，这个发言即表现的是“开窗”这一指令内容，同时还包含了“某某同学认真听讲，注意力要集中”这一潜在含义。这两者就是发言的内容性含义和社会性功能。教师的这个发言还体现了“发话人”的主导性，而回答“是”然后去开窗的某某同学的语言和行为则体现了“接话人”的被动性。这种指示与应答的会话单位，构成了以教师的“谢谢”这一反应为完结的一个内容性单位。

贝拉克等人着眼于教室沟通中上述内容性单位和发言的含义与功能，按 8 个维度设定了分析范畴：（1）发言者（教师、学生、视听教具）；（2）教学手法的类型；（3）题材性含义；（4）题材—逻辑性含义；（5）（3）及（4）的行数；（6）指导性含义；（7）指导—逻辑性含义；（8）（6）及（7）的行数。根据内容段落而被分割的发言单位按照这 8 个范畴加以编码。

“教学手法”的类型是指语言游戏的“发话人”与“接话人”的关系，可以用决定会话语脉的“结构化（标记为 STR）”的手法、通过提问与指示而引导出对方应答的“诱导（标记为 SOL)”的手法、与之相应的“应答（标记为 RES)”的手法，及对于这三种手法做出反应、进行评价的“反应（标记为 REA)”的手法这四个范畴来表述。“题材性含义”（如生产、贸易、投资、市场等）和显示逻辑过程的“题材—逻辑性含义”（如分析、说明、解释、评价等）范畴是教育内容的题材分类，是基于教材加以设定的。而“指导性含义”（如课题的提示、关于教材的指示、问题的整理等）及显示其逻辑过程的“指导—逻辑性含义”（如肯定、否定、保留、事实的确认等）也是根据教学指导过程加以设定的。这样，在所设定的多维度范畴中，把师生的每一次发言都做以下编码，然后对所得出的数据做多元相关分析。

教师：好，现在来探讨石油输出国与输入国的关系。中东地区埋藏了非常多的石油。我们先来看地图确认一下埋藏量。	T/STR/IMX/XRL/4/PRC/FAC/2

上述编码表述的是，“教师（T)”做出“结构化（STR)”的发言，其中关于“输入产出（IMX)”的“说明（XRL)”有 4 行文字，关于“教学步骤（PRC)”的“事实（FAC)”的阐述有 2 行文字。

在 8 个维度的分析范畴中，属于最上位的、最具有决定性意义的是可分为“结构化（structuring)”、“诱导（soliciting)”、“应答（responding)”、“反应（reacting)”四种不同类型的“教学手法”。

“结构化（STR)”手法是指奠定沟通的内容性单位的基础构成，决定这一语脉形成的手法。例如，“今天从哪里讲起好呢”、

“下面我想问一下大家”，或是“好像与前面没什么关联，但是大家对于 ×× 是怎么想的呢”。这些区分沟通的内容性语脉的过渡性发言，就是“结构化”手法。

“诱导（SOL）”的手法是指提问和指示的发言。这种手法常紧随“结构化”，在“结构化”手法后出现，但也有单独主导一个内容单位的情形。

“应答（RES）”是指作为“诱导”的应答所进行的发言与行动。对于“提问”的“回答”和对于“指示”的“应对”，都属于这种“应答”的发言和行动。

最后的“反应（REA）”是指对于“结构化”、“诱导”、“应答”的发言表现出某种评价、同意或反对意向的发言，是一种反应的发言，有时也是对于反应发言的继续回应。

在贝拉克等人的教学分析中，构成教学沟通的一切发言，首先被按这四类“教学手法”加以分类，然后被编码。例如，教师说：“好，今天这节课学习 ×× 内容，○○同学，你可以读读看吗？”倘若学生回答“好的”，那么，这个会话可以说是从教师的“STR”开始，接着是“SOL”，然后是学生的“RES”这样进行的。或者，教师提问：“关于 ××，你怎么想的？”倘若学生 P 回答“是++”，学生 Q 回答“是**”，学生 R 回答“我同意 P 同学的发言”，教师也赞同地说“对”的话，那么，这个会话就是由从教师的“SOL”开始，然后是两个学生的“RES”，最后以学生的“REA”和教师的“REA”完结的沟通单位构成的。

（二）课堂教学中沟通的特色

按照这四种“教学手法”来划分的话，课堂教学中沟通的单位可以用下列 21 种结构类型来表示。贝拉克等人把这 21 种结构类型称为“教学循环”。

1.STR

2.STR SOL

3.STR REA

4.STR REA REA ……

5.STR SOL RES

6.STR SOL RES RES……

7.STR SOL REA

8.STR SOL REA REA……

9.STR SOL RES REA

10.STR SOL RES REA REA……

11.STR SOL RES REA RES……

12.STR SOL REA RES……REA……

13.SOL

14.SOL RES

15.SOL RES RES……

16.SOL REA

17.SOL REA REA……

18.SOL RES REA

19.SOL RES REA REA……

20.SOL RES REA RES……

21.SOL RES REA RES……REA……

正如“教学循环”的这些类型所显示的，教室中的对话沟通一定可以分割成从教师或学生的“结构化”或是“诱导”的手法开始的内容单位，可以说一个“教学循环”的单位将一直持续到下一个“结构化”或是“诱导”，而这个单位的构造越复杂，这个沟通过程就越具有包含更多复合性内容的多层次会话的特征。

但是，贝拉克等人在以大量的教学案例为对象来调查上述21种类型的“教学循环”出现频率时发现，有近八成的课堂集中在“SOL-RES-REA”类型（上述第18种类型）上。也就是说，教师提问学生回答，然后教师做出评价的会话单位在日常教学中占绝大部分，这种类型的“教学循环”是教室中对话沟通的主要特征。

贝拉克等人的分析是以美国的课堂教学案例为对象的，不过，运用了同样的分析方法在英国所做的对中等教育的社会科地理教学的调查也显示了同样的结果。尽管样本数量相对较少，我（佐藤）以日本的初中社会科地理课堂为对象做的同样的分析中也显示出大致相同的结果。以“SOL-RES-REA”为基本单位的对话，可以说是教室对话沟通中的最基本倾向。

贝拉克等人的教学分析除了“教学手法”外，还设定了“题材性含义”、“题材—逻辑性含义”、“指导性含义”和“指导—逻辑性含义”的分析范畴。他们借助计算机对各维度的数据及相关关系做了分析计算，进行了极其复杂的教学分析。

其结果，阐明了以下几点：(1）课堂教学的语言游戏多是“诱导”、“应答”、“反应”这三者排列组合后完成的；(2）日常的教学多是以教师为主导展开的，教师发言与学生发言的比例大约是3：1；(3）课堂中的对话是在教师的“结构手法”明确化的“题材性含义”的框架内完成的；(4）在教室对话沟通中“题材性意义”（学习内容）是以阐述“事实”的经验性思考为中心展开的，界定或解释的分析性思考很少；(5）教师在课堂教学中行使极大的权力，而这种权力也依存于学生的支持与配合。

贝拉克等人的分析方法经木原建太郎的译著《教学分析》

（1972 年）而被介绍到日本，并作为教学研究的科学性方法之一得到推广。但是，我们必须牢记，贝拉克等人的方法并不是以一个课堂为对象的研究，而是通过分析庞大数量的样本来阐明教学实态的一般性特征的方法。

三、课堂教学的民族学方法论
——梅汉的对话分析

（一）“IRE”的结构

1979 年出版的梅汉（H. Mehan）的《学会教学》（*Learning Lesson*）运用民族学方法论的对话分析揭示了课堂的社会性特征，一经出版即受到关注。梅汉的研究分析了教室中日常沟通的结构以及秩序在师生间得以社会性建构的情形，从而提供了重新探讨学校文化的规范与惯例的契机。

民族学方法是加利福尼亚大学加芬克尔（H. Garfinkel）等人开创的方法，是通过解读特定的社会集团内部不言自明的判断及行为的代码，并基于行为者的行动和感觉来揭示构成该社会集团日常生活的文化规范与权力关系的方法。梅汉运用这一方法的主要目的是揭示在教室中日复一日反复展开的课堂教学对话是通过学校特有的活动，借助师生得以社会性建构的。

梅汉将贝拉克等人所关注的“SOL-RES-REA”的会话单位再现为“教师主导（teacher initiative)”、“学生应答（student response)”、“教师评价（teacher evaluation)”这一“IRE”的对话

结构，并尝试从社会建构主义角度对其做出新的解释。正如下述一般对话与教学对话的对比中所显示的那样，在“IRE”的结构中隐藏着教学对话的本质特征。

一般对话	教学对话	
What time is it now，Sarah?	What time is it now，Sarah?	(I)
Two thirty.	Two thirty.	(R)
Thanks.	Right.	(E)

教学对话的特异性是显而易见的。与不知道的人向知道的人询问的一般对话相比，教学对话中是知道的人向不知道的人询问。另外，与对于提问的应答添加感谢语言的一般对话不同，在教学对话中，对于提问的应答添加的是评价的语言，并借助这种评价的语言显示出对话单位完结的结构。这种“IRE”结构正是教室中对话沟通的本质性结构。梅汉注意到，正如对寒暄而寒暄、对请求而接受、对提问而回答、对帮助而感谢、对指示而应答、对说明而说明这样，一般对话是由二项单位构成对话的基本单位，而在教学对话中，介入了评价的三项单位构成对话的基本单位。

另外，梅汉还发现，在一般对话中，会话主导权在对话双方之间互相转换的情况非常普遍，无论哪方掌握主导权，会话都会顺利地进行。与此相比，教学对话一直由教师掌握着主导权，按照预设好的内容组织会话，甚至连学生的发言顺序都是由教师控制的。

梅汉的研究目的是，通过分析课堂教学沟通中特征鲜明的会话结构，以揭示隐藏在教室中的社会性关系及权力关系。通过教学的案例分析，梅汉发现课堂中具有“导入”、“展开”、

“总结”这一有序结构，并指出，在“导入”阶段，多是“指示性”的话语及“信息性”的话语；在“展开”阶段，一连串的“话题群（topically related set，TRS）”的发话是借助“诱导性”话语说出的；最后，在“总结”阶段，则多是“信息性”话语和“指示性”话语。这三个阶段都是由以“IRE”为基本单位的会话组合而成的，而这个基本单位是以“教师—学生—教师”这一参与的形态组织起来的。梅汉用表 6-2 解释了这种结构。

表 6-2　课堂教学的结构

事项	教　学					
阶段	导　入		展　开		总　结	
类型	指示性	信息性	话题群 诱导性	话题群 诱导性	信息性	指示性
组织	I-R-E	I-R-（Eo）	I-R-E I-R-E	I-R-E I-R-E	I-R-（Eo）	I-R-E
参与形态	教师—学生—教师	教师—学生—教师	教师—学生—教师	教师—学生—教师	教师—学生—教师	教师—学生—教师

注：Eo 也有被省略的情况。　（Mehan，1979）

如表 6-2 所示，对话的多层的、有序的结构与教室情境及教学内容无关，是作为教学的一般形式性结构发挥作用，这点非常重要。就教师的角度而言，组织教学沟通就像在饭店从菜单上选出凉菜、主食、甜点后按顺序品尝那样，是按照选择“导入”的对话、选择“展开”的话题和会话、选择“总结”的会话这一隐藏的潜在顺序组织课堂教学的。

从学生的角度而言，为了参与到课堂中，必须认识到教师所准备和组织的教学对话构造的框架和规则。不可以提前在“导入”阶段就说到教师原计划在“展开”阶段展开的话题，也需要避免在“总结”阶段提出“导入”阶段的疑问。无论是教师准备和组织教学，或是学生在课堂上展开学习，都是以领悟与教学内容无关的教学沟通的形式性结构并参与其中为前提的。换言之，在平时的课堂上，无论教师还是学生，都在进行着极具教室特征的复杂的语言游戏。

（二）参与结构及其规则

梅汉所揭示的对话结构可看作在背后控制教室中对话的一种类似于“语法”一样的东西。对于熟悉教学话语的人而言，是完全意识不到这种“语法”的，但是，对于不熟悉教室话语习惯的人来说，首先会意识到学习这个“语法”是一个重要问题。在以这种形式性结构组织对话沟通的教室中，教师就宛如可自由运用母语的“国民”，而学生则像是“移民”。学生们一边认真地学习、领会体现了课堂“语法”的教师的发言，一边学习作为一名“国民”主动参与到课堂中的语言。

梅汉所剖析的教室中的会话结构，是一种构成了师生间权力关系的装置，但其并不只是起到否定作用。这是因为，教师和学生通过建构这种被默认的对话结构，不同于日常生活中的学习，能够使经营班级及指导学生等劳力降到最低限度，使教师与学生可以专心致志地展开教与学的活动。不过，这种对话结构，使教学沦为形式性步骤从而剥夺了师生活动的创造性的情况也很多。这时的学生们就不是在教学对话结构中学习，而是变成学习对话结构本身了。

值得注意的一点是，在梅汉分析的 9 个课堂中，88% 的教师发言显示了上述对话结构，与此同时，剩下的 12% 的发言中，除去从混乱中产生的对话之外，约有 6% 的发言来自教师的“即兴方略”。

梅汉所着眼的教师的“即兴方略”，在课堂教学研究者艾利克森看来，可以比喻为爵士乐的即兴演奏。他指出，教学如同爵士乐参与者默契地共享和弦展开即兴演奏那样，在课堂上，参与者间默契共享教学的节奏及知识构成是教学创造性展开的前提。梅汉还注意到，教师的“即兴方略”是在课堂预定的对话结构与实际进行的参与结构间的落差中形成的，并进一步指出，教师预设与学生实际参与状况间的落差正是改变教师参与教学沟通的积极契机。

四、教室中的对话结构
——卡兹顿的社会语言学分析

（一）教室中语言的三种功能

从社会语言学角度展开教学沟通分析的是哈佛大学的卡兹顿(C. Cazden)。卡兹顿借助自己担任过圣地亚哥多语言小学教师的工作经验，通过对师生对话的分析来推进教室对话系统的研究。

在以社会语言学为基础的卡兹顿看来，课堂教学中的现象与其说是“心理学事实”，不如说是“社会性的偶发事实”，是通过参与沟通过程由师生的语言活动而构成的社会事实。从这个意义上说，卡兹顿的研究接近于根据民族学方法论会话分析推进的梅汉的教室研究。事实上，梅汉的研究成果是对卡兹顿所在的多语言小学教室进行课堂教学观察后取得的，因此，可以说其是与卡兹顿合作研究的结晶。

重回哈佛大学工作后，卡兹顿主要参照了维果茨基的发展心理学、海姆兹的社会语言学、巴弗琴的“多声语言”理论，将课堂教学研究设定为应用语言学的一个领域，不断分析师生沟通过程的结构与规则，以期为教育实践提供启示。

教师与学生在课堂中的会话语言成为教室研究的主要研究对象。会话语言是推动教与学的工具，是构筑课堂教学中人际关系的工具；同时又是课堂教学的参与者自我认同及个性发展的重要构成要素。卡兹顿从这个立场出发，将教室中的话语提炼为“课程的话语”、“控制的话语”、“个人自我认同的话语”三种不同类型，并设定了以下教室对话沟通中话语功能的“三重核心”。

（1）命题性功能——命题性信息的沟通（也可以称为参照性、认知性、观念性功能）；

（2）社会性功能——社会关系的构建与维系；

（3）表达性功能——说话者的个性与态度的表现。

“命题性功能”是指在教室中某种知识、信息与技能得以传递的功能，即认知性功能，是与教育内容的传递与学习相关的功能。可以说，迄今为止教学沟通的分析主要是以这种“命题性功能”为中心来展开研究的。不过，卡兹顿指出，教室话语的“命题性功能”，在具体教室的社会情境之中，说话者与他者的关系以及说话者自身的自我认同及个性都是密不可分的。当课堂中有谁发言的时候，这一发言在传递某种内容的同时，也是在构筑或修复同谁的关系，进而在这一过程中也表明发言者对自身的自我认同与态度。

“社会性功能”是与教室中“对人关系（inter-personal relation）”的构成与修复相关的功能。许多儿童集体学习的教室，是由特有的秩序与控制所支配的场所，又是在这种秩序与统制下不断重组师生关系与同学关系的场所。课堂教学语言的“社会性功能”就是在教室中沟通的社会性过程中发挥作用的。

“表达性功能”是与教师和学生的自我认同及个性表现相关的功能。无论教师还是学生，不仅开展着实现教育内容课题、在教室中集体行动的活动，而且也进行着自身的活动。“表达性功能”是指一边体验各种矛盾与苦恼，一边确认自身的存在价值、表述自身要求的“自我内关系（intra-personal relation)”的功能。

卡兹顿通过分析教室话语的这三种复合性功能，阐明了教与学中语言使用的特征，对保障学生学习机会均等的人际关系及可以变革教室对话结构的沟通能力进行了探索。

（二）课堂对话分析

卡兹顿基于具体课堂教学实例进行了多重的对话分析，下面仅就三个方面浅谈一下他的研究贡献。

第一，卡兹顿发现，教室对话沟通不仅是按照典型的“IRE”的结构规则来展开的显性过程，同时隐藏着通过师生对话、沟通的语脉本身得以不断再创造并持续发展的隐性过程。卡兹顿注意到，无论教师或是学生都在教学过程中进行沟通的“语脉创造”。这种“语脉创造”的方略在多数场合是作为变革定型化课堂教学的实践来展开的，但有时，正如下面的事例所展现的一样，只是作为一种生存游戏（survival game）来发挥功用。

教师：“4 乘以 3 等于几？”
学生：“……8……”
教师：“2 乘以 4 等于几？”
学生：“8。”
教师：“对，3 乘以 4 等于几？”
学生：“9，10，11，12。”

教师：“那么，3 乘以 4 等于几？”

学生：“12。”

这段对话，从教师的角度看，是教师有意识地将学生运算“4 乘以 3”得出“8”的错误答案作为出发点，希望学生可以理解自己的错误而展开的。可是，反观学生，学生不过是熟悉教师的对话结构并根据其结构作答罢了。当教师说出“那么”之后，学生就断定前面的答案“12”是正确答案。卡兹顿指出，教室对话中定型的结构背后所隐藏着的“语脉创造”这一潜在过程，需要通过教师对于学生语言的省察与发现及教师与学生共同探求，将其发展为创造性语脉。

第二，卡兹顿将班级看作文化性、社会性的共同体，指出教与学是文化性、社会性的语言实践。卡兹顿往往用“原住民”和“移民”的关系来说明教室中教师与学生间的关系。

卡兹顿提出，班级是以独特的语言构成的文化共同体。教师是将这种语言作为母语来运用的“原住民”，而学生则是新来的参与这种独特的文化共同体的“移民”，首先习得、掌握这种共同体语言的语法并能进行对话之后才能参与学习。

不过，卡兹顿也补充说，这种“原住民”和“移民”的文化隐喻是不足以充分说明教室中复杂的语脉的。这主要是因为教室（班级）与一般的共同体相比，不仅是拥有独特文化的场所，而且也是教师与学生都不断地变化，而某一特定的变化得到支持和促进的场所。教室的研究不仅要揭示师生行为的文化性含义，而且必须要结合构成并使这种文化性含义正统化的社会过程来探究。

第三，卡兹顿指出，研究教室中教师与学生的对话行为，不仅要从这个班级的直接的人际关系及文化的角度加以分析，而且要结合学校的制度性文化及与校外的各种关联加以理解。卡兹顿通过若干案例研究，运用巴弗琴“多声语言”的概念，发现在看似不经意的发言或对话片段中，也潜藏着围绕种族和性别等个人认同的内心纠葛。卡兹顿还指出，教室中的对话，比起其内部，是包含更为广阔的社会背景而展开的过程（Cazden，1988）。

五、教室话语与学力差异的研究

（一）话语的阶级差别

教室话语研究的另一个领域就是儿童所属社会集体的语言与学力间关系的相关研究。这一方向的课题是借助知识社会学的研究方法与文化人类学的研究方法而不断推进的。

关于教室话语的知识社会学研究中，伦敦大学伯恩斯坦（B. Bernstein）的研究最为著名。伯恩斯坦着眼于中产阶级和工人阶级使用的语言代码的差异，将中产阶级使用的语言代码命名为“精密代码”，将工人阶级使用的语言代码命名为“限定代码”。“精密代码”是指逻辑性构成的抽象概念的精练的话语代码，一般说来，句中多用抽象性语言，并且多运用关系代名词的复句。与此相对，“限定代码”指的是在特定的语境中可以理解其含义的语言代码。一般说来，多用于罗列具体事实、只使用单个单词的语句或命令句等短句，在长句的场合，也基本是运用“and”来并列接续。

伯恩斯坦得出了这样的结论：这两种话语代码的差异是造成中产阶级子女和工人阶级子女学业成绩差异的原因。因为教师的发言及课堂上公共沟通的话语基本上是由“精密代码”构成，这对于熟悉这种话语的中产阶级子女更有利，而对于多用“限定代码”的工人阶级子女则不利（Bernstein，1975）。

伯恩斯坦的见解确实非常具有说服力。在任何国家的学校教育中，都会发现从小学高年级开始就出现学力差距逐渐扩大的现象，而这种学力差距与种族和阶级的差异相关，也是众所周知的事实。如果按照伯恩斯坦的见解分析的话，小学高年级阶段学力差距开始扩大，是由于教学内容中抽象概念及需要抽象性思考内容增加所致，而不擅长抽象概念和抽象思考语言代码的种族和阶级文化背景的儿童，也就相应出现学业困难状况。

伯恩斯坦的研究一举提升了人们对于儿童所属集体的话语与学业成绩间的关系的关注。例如，我们所熟悉的“芝麻街”是旨在通过让贫困黑人子女接受学前教育，消除种族之间学力差异而制作的幼儿教育节目。这个节目从黑人子女显示的对于电视商业广告感兴趣这一特点出发，采取像广告一样快速构成节目影像，并且采用了贫民区的语言及发音。

但是，即便种族和阶级的话语代码同学业成绩相关，仅仅使学校教育的话语向处于社会处境不利种族和阶级的话语方向改进，是不能完全解决这一问题的。例如，以“芝麻街”为例，后来的调查报告显示，“芝麻街”对于白人子女的教育效果好于黑人子女。后来对收看“芝麻街”的环境进行分析后发现，与多数黑人子女一个人观看的情况相比，多数白人子女是与母亲、朋友一起边交流边观看的，因此促进其语言能力发展的环境是非常丰富的。

（二）基于文化人类学方法的教室话语研究

下面介绍一下以文化人类学方法探讨这一课题的代表性研究——斯坦福大学希思（S. B. Heath）的研究。希思调查了白人中产阶级居住区的子女、白人工人阶级居住区的子女和黑人工人阶级居住区的子女的话语结构与学业成绩间的关系，并得出了一个意味深长的结果。在这三组儿童中，成绩最优秀的是白人中产阶级的子女，中间的是白人工人阶级的子女，成绩最下位的是黑人工人阶级的子女。分析这三组儿童的话语结构特征，发现黑人工人阶级的子女的文化是以不含抽象话语的叙事形式进行表述的文化，白人工人阶级子女的文化是不构成叙事而用单词表述概念性话语的表述文化，而白人中产阶级子女的文化是用具体的叙事形式来表现抽象概念的文化。希思指出，正是这种“文化人类学式的话语表述方式”促使了其在学校教育中的成功（Heath，1983）。

当然，学业成绩的差异不能仅仅用儿童所属种族和阶级的话语差异来说明。例如，加利福尼亚大学教育文化人类学学者奥古布（J. Ogbu）分析了实行种姓制度的美国学校中因种族差异导致的学力差异的扩大再生产过程，但同时也呼吁社会注意，处于弱势群体也并不代表其一定与学业失败相结合。同样是弱势群体，诸如来自日本、韩国或是中国台湾的许多儿童取得了往往超过白人子女的学业成绩。他还指出，放弃其原有民族的个性，同化为美国的白人文化是这些成功的弱势群体的特征。在“美国的种姓制度”中，弱势群体的成功是以放弃自身的民族认同为代价的。这样，教学话语的文化人类学的分析揭示出今后必须以更广阔的文化脉络来重新审视学校文化及其功能的重要性。

第七章

课程研究的课题

一、什么是课程

（一）双重的扭曲

“课程”究竟是什么呢？在日本，“课程”这个词一般被理解为在实施教学前预先规定好的“公共框架”与“教育计划”。但是，“公共框架”和“教育计划”这两个“课程”概念都只表达了这个术语的一个侧面，导致对其的界定过于狭隘。这种狭隘性和片面性与英美国家的“课程”这个术语的具体含义做比较时一目了然。英美的“课程”这个词一般意味着“学习经验的总和”，是作为包括了教与学的活动、教与学的计划、实施与评价等所有环节的囊括性概念来使用的。

日本的“课程”在“公共框架”和“教育计划”这两个意义上使用主要是因为两个原因。一是日本的课程一直是在中央集权型、官僚型教育体制下受国家控制的，二是使“课程”这一术语在日本普及的战后“新教育”是以将“课程”等同于“教育计划”的美国“社会（生活）适应主义”教育为原型展开的。由于是在这双重扭曲下普及起来的，“课程”变成了与教师和儿童体验的日常实践相割裂的概念。为了矫正这种双重扭曲，我们先来探讨这个概念的含义。

“课程”这个词源自古罗马战车竞赛的“跑道”一词，拉丁语的“跑（currere）”是其词源。原意为“跑道”的这个词，其后又衍生了“人生阅历”这一含义。即使在今天，英语中的“curriculum vitae”也不是指学校的课程而是指“履历书”。可以说，这种用法保留了作为人生阅历这一语义的使用痕迹。

“课程”这个词在宗教革命以后的大学教育中开始作为教育术

语使用。其首次作为教育术语登场是在1582年荷兰的莱顿大学。当时宗教革命加强了教会与国王对大学的控制，因此教会与国王权力所控制的教育课程被揶揄为教授和学生们按照所定路线奔跑的赛马跑道，是包含嘲弄和自嘲来使用“课程”这个词的。在“课程”这一术语中交织着“强制”这种语感，而这种语感是有一定历史根源的。

（二）“课程”含义的变化

就这样，“课程”作为意指制度上所规定的学科课程的用语固定下来了，但是，在20世纪初的美国这个词实现了含义的转变。随着进步主义教育的成立与普及，教育行政所规定的教育内容与学校的教师所创造的教育内容被加以区别，教育行政所规定的教学大纲被称为“课程标准（course of study）”，而把学校中由教师所创造，学生所经历、体验的教育内容的课程叫作“课程(curriculum)”。“学习经验的总和”这一“课程”定义就是在这个过程中确立起来的。可以说，“学习经验的总和”这一定义是将作为教育用语的“课程”与“课程”这一词的词源中“人生阅历”这一含义相结合后产生的概念。

在杜威的《学校与社会》（1899年）、《儿童与课程》（1902年）、《经验与教育》（1935年）等一连串著作中可以探寻到“学习经验的总和”这一概念的发展进程。杜威将教育定义为“经验的再构成”，但并不认为一切经验都是教育性的经验。杜威指出，在学校所组织的经验中既有促进儿童成长的“教育性经验”，也有同儿童的成长无关的“非教育性经验”，还有不利于儿童成长的“反教育性经验”。杜威主张，学校所组织的经验，应当选择与学问性经验、校外的社会与产业、公共生活的伦理有连续性的经验。并指出，学校是通过保持与校外的社会、共同体间的连续性，来建构知性的、社会的、伦理的经验，从而成为肩负起为“民主主义社会”做准备这一使命的场所。而组织这种“教育性经验”（具有意义的经验），即是杜威所追求的“课程”。

（三）概念重建主义者登场

作为“学习经验的总和”的“课程”概念，在20世纪70年代后再次变得活跃起来。被称为“概念重建主义者（reconceptualist）”的教育学家们对“课程”进行了重新定义。他们对“过程—产出模型”的“课程”以生产性与效率性为基准，作为适应产业主义社会与消费社会的系统发挥作用进行了批判，并展开了基于学习者的经验重新界定课程的运动。在这个再定义运动中，“概念重建主义者”是以舒茨（R. E. Schutz）等人的现象社会学及哈贝马斯（J. Habermas）等法兰克福学派谱系的批判理论为理论基础。现象社会学揭示了日常生活现象是人们的主观集合意识所构成的现实，批判理论提出了阐明文化与社会意识的压抑和异化的现实，寻求批判意识觉醒的实践的主张。

“概念重建主义者”们都重新返回到“课程”的“学习经验”这一词源，发起了将已经被工程学化、技术化了的“课程”重新定义为人文性、社会性概念的挑战。例如，休伯纳是第一位倡导将课程现象作为师生的“个人日志（个人经验历程）”，用历史性的、社会性的、美学的、伦理性的语言加以描述的教育学家。休伯纳认为，课程在作为教育内容的程序及系统之前，是每个人在课堂中体验的、个性的、实存性的经验。他将“课程”设定为以“个人经历”经验为核心，包括了学科内容，还包含了教室空间构成与课时分配甚至学校建筑等全部学习环境的总括性概念（Huebner，1966）。而主张以“自然的方法”推进课程实践与评价的麦克唐纳（M. Macdonald）也认为，“课程”即是“学习经验”本身，主张应规避技术学、工程学意义上的开发与评价的人为性特征。

将“课程”重新定义为个人“经验阅历”的“概念重建主义者”们揭露了课程开发、实施、评价中的政治性、意识形态性功能，提出了将与课程相关的实践作为以学习的“个人日志(个人经历)”为中心的政治性实践来重新建构的主张。休伯纳主张将“无条件地尊重儿童作为参与公共生活自由人成长政治的、市民的、合法的权益”作为课程开发的基本原则，而以现象学和政治学为基础的“概念重建主义者”派纳也将基于“个人经历”自我批判的觉醒作为课程的中心，将课程开发的中心课题设定为创造使其自身摆脱异化、得以解放的政治性话语和自传性话语。

这样，过去作为“教学计划”用工程学、技术学的话语来表述的“课程”，现今转变为用政治学、文学、社会学、美学语言对“学习经验”本身进行批评和创造的话语加以描述。“课程”这个词，正如其词源所示，是展现每一个个体经验轨迹的“学习经验的履历”。

但是，将“课程”概念完全解读为学生经验也是有一定片面性的。虽然课程问题的核心是每一名儿童的“学习经验”，但是，那些从制度上组织这种“学习经验”的教育课程的问题、有计划地组织教育内容的教学计划的问题、学校层面的教学计划与课程管理的问题，也还是与以往一样，都是需要具体审视的问题。下面，基于“学习经验的阅历”这一“课程”概念，来探讨一下课程的诸多问题。

二、学科内容的组织与特征

（一）学科内容的分化与综合

学校的教育内容是以学科的形式来组织的。学科将知识加以分类并系统、分阶段地组织，但教育内容的组织不一定都是按学科为单位来组织的，即便在按学科单位组织的场合，也有融合多学科知识来组织教育内容的情况。自学校教育制度化以来，对于课程编制中心问题之一的学科内容的分化与综合问题的争议，一直都未间断，而造成这个问题的原因是非常复杂的。

第一，必须认识到构成学科及学科背景学问成立的历史性特征。我们所熟悉的学问领域，诸如数学、化学、工学、医学、法学、政治学、经济学、文学、社会学、心理学，等等，是 19 世纪中叶确立的学问领域分类，而基础科学及应用科学的分类与理论、技术、实践的分类，是 19 世纪至 20 世纪被制度化了的知识系统。学校的学科也是以这个 19 世纪的学问分类为基础形成的。近代学校课程的发展是以读、写、算“三个基本技能（生活实用）”的组织作为出发点，继而引进了形成国家认同（national identity）的内容（语文、品德、历史、体育）和建设产业社会所需的内容（数学、科学、技术），进而又添加了表现个性及自我认同的学科（音乐、美术）后展开的。

现今学科的问题之一就是，从 19 世纪开始就被制度化了的学问（学科）的划分根基已被动摇。在社会结构变化、科学技术发展、环境恶化等背景下，旧有的学问（学科）内容变得跨学科化、跨领域化，这要求我们必须从根本上重新审视现代主义的学问及科学的存在方式。

第二，学科的划分与领域包含参与这一学科人们的权力关系。正如知识社会学家迈克尔·扬（M. F. D. Young）所指出的那样，学校知识是社会性、政治性的构成，包含了将学习这种知识的人们序列化、阶层化的权力关系。例如，同样是关于物理现象的知识，大学研究室中探究的知识、初中课堂中学习的知识、工厂里将这种物理现象应用于技术的工人的知识，是被社会性序列化、阶层化了的。

这种知识所蕴含的权力关系，正如伯恩斯坦在论述“教育知识的分化与综合”问题时指出的那样，学问（学科）领域划分得越明确，集约作用越大；反之，越是跨越学问（学科）领域的界限，各种知识相互渗透融合，知识的权力性越是分散。相应地，这种现象也反映在学校教育中。越是强调单一学科中心主义的课堂，学生的学习越易沦为被动的、隶属性的学习，而在综合性学习的课堂上，学生的学习更容易形成能动的、主体性的学习。

第三，尽管如此，学校知识是以特定学问领域的构造为背景的，所以以这种构造为基础来设定学科领域是必要的。

但是，对于学科的领域及结构的必然性，交织着各式各样的争论。在日本，有过照搬欧美，直接将欧美的科学、技术、艺术等植入学科内容的历史，因此，对于学科内容的分化与综合的问题多按“分化 = 现代主义”、“综合 = 反现代”这一分裂的轨迹来探讨。可以说，学科与生活二元对立的模式，以及为扭转“学科教学”的“偏重智育”而将“生活教育”理想化的倾向，都反映了这种历史性的扭曲。这种认为“综合 = 反现代”教师的扭曲意识，导致学科内容的分化与综合的争论变得更为复杂。

第四，必须对实现学科内容分化与综合方式有清晰的认识。学科单位的学习并不等于否定知识的综合，反之，说实现了综合性学习并不等于就实现了知识的综合。例如，社会科、理科、家政科原本就是为了推进综合性学习而设定的学科。其综合功能薄弱，是由于学科内容是按照分科主义思路编制而成的。所以，知识的分化与综合的问题，并不是说在学科教学之外再组织综合性学习课程就能够解决的。

（二）“博雅教育”与“通识教育”

下面，我将以上述四点为前提，对“博雅教育（liberal arts）”与“通识教育（general education）”这两种不同教育内容编制的类型进行比较与整理。

“博雅教育”起源于柏拉图在《理想国》中阐述的古希腊柏拉图学园，是在中世纪的大学以“七艺”方式复兴并被欧洲中等教育与高等教育所继承的教养教育传统。它的特征在于立足于教养使个人得以“解放”的理念，以人文主义的古典内容为中心来组织教育内容，注重逻辑性思考的态度等“精神陶冶（mental discipline）”价值，追求精英教育。这种“博雅教育”的教养教育，在19世纪西欧的中等教育中得以确立，并对美国与日本的中等教育及高等教育产生了巨大影响。20世纪30年代芝加哥大学校长哈钦斯（R. M. Hutchins）主导展开的将柏拉图以来伟人的经典作为必修教育，以及日本旧制高中的学问中心教育，都是这种“博雅教育”教养主义的典型。包括初等教育在内的分科主义教育传统中也可以看到以西欧人文科学为中心的“博雅教育”的影响。

与此相对，“通识教育”则是20世纪在美国高等教育与中等教育中确立的概念，是为克服“博雅教育”脱离现实社会的教养主义和精英主义而实施的教养教育。它的特征在于，一是追求可为解决现实社会性问题做出贡献的教养的形成，二是标榜职业教育与“通识教育”相结合，以具体主题为中心综合地组织教育内容，实施旨在实现民主主义社会的市民性教育。

应当指出的是，“通识教育”理念是在对两次世界大战反省的基础上形成的。“通识教育”的起源可回溯到19世纪末展开脱离“博雅教育”活动的哈佛大学校长埃利奥特（C. W. Eliot）关于大学教育与高中教育课程改革的建议，但这个理念得以明确实施则是在第一次世界大战刚刚结束后在哥伦比亚大学杜威主导构想的分别以自然与社会为主题来展开探究的“调查课”上。这一尝试以反思大量杀戮的战争为契机，将科学及学问与社会及自然的现实情况相结合来展开学习，提出教育和平与民主主义主体的必要性。

另一方面，“通识教育”的理念也引导出了对大众化、细分化了的中等教育内容整合的运动。“通识教育”致力于克服职业准备教育和大学升学教育两者的狭隘性，追求具备“综合性”与“通识性”的“可肩负起公共责任的市民”教育。

对第二次世界大战中法西斯恐怖和大量无差别杀戮的悲剧的反思，促进了人们对于“通识教育”价值的认识。美国许多大学和高中推进了以“和平”、“自由”、“民主主义”为主题的“通识教育”改革，科南特（J. B. Conant）校长领导、组织的哈佛委员会的报告书《自由社会的通识教育》（1945年）是其中的一个典型。这份报告书提出，大学与高中“通识教育”的宗旨在于培养建设民主主义社会的自由市民，建议在大学选择“自然”、“人文”、“社会”三个领域，在高中由“数学与科学”、“文学与语言”、“社会科与社会科学”、“艺术”、“职业”五个领域来建构其教养的基础。战后日本大学教育的“通识教育”也是以这个哈佛委员会的报告书为基础的。

“通识教育”的价值在20世纪70年代受到进一步关注。在对越南战争的反思及战争的威胁、种族歧视与贫困扩大导致的人权危机、自然环境破坏情况的恶化、性别歧视等诸多问题不断显性化的背景下，人们进一步认识到了结合现实问题的综合性主题为中心的教养教育的必要性。

另一方面，20 世纪 80 年代以来，旨在复兴“博雅教育”的复古教育改革，在里根政权和老布什政权之下，由被称为“新保守主义者”的人们所推进。他们推进以“博雅教育”的“文化素养（cultural literacy）”传统作为“国家认同”核心的改革，否定标榜“通识教育”的多元民主主义与文化多元主义社会，倡导通过古希腊以来传统“博雅教育”的教养来推动国民意识的统一。艾伦·布卢姆（A. Bloom）的《美国精神的终结》（1987 年）、希尔斯（E. D. Hirsch）的《文化素养》（1987 年）都是破纪录的畅销书，这些著作都对“通识教育”进行了批判，提出了复兴“博雅教育”的“新保守主义”教养论。

下面以上述的历史轨迹为背景，通过与“博雅教育”的比较来梳理一下“通识教育”的主要特征。所谓“通识教育”，是指批判“博雅教育”学科教育的精英主义与分科主义而发展起来的教养教育，是以培养可肩负起民主主义社会公共责任的市民为目的，积极地应对现实社会问题的通识性内容为主的教育。

因此，“通识教育”中的“通识性”并不意味着某一行业专业人士所具备的专业性，而是意味着作为解决现代多样问题所必需的教养“通识性”，意味着促进积极承担民主主义社会建设的个人与共同体形成的教育“通识性”。“通识教育”是由拥有社会性意义的“教育内容（content）”、知识在学习者主体性学习下得以整合的“一贯性（coherence）”、由共同的知识凝聚在一起的学习的“共同体（community）”这三个“C”所构成的教育。

下面让我们来整理一下“通识教育”课程的主要特征。与按照不同职业领域与学问领域细分化了的知识与技术来组织课程的“职业（专业）教育”相比，“博雅教育”和“通识教育”都是以旨在建立人与人之间连带关系的“共同教养”为教育内容来组织课程的。但是，“博雅教育”与“通识教育”中“共同教养”的内容、学习方式及各自特征都不同。“博雅教育”的“共同教养”的内容是以人文科学古典为中心的学术性教养，以文献的讲读和讲义方式的教学为主；而“通识教育”的“共同教养”的内容是探究、解决现实社会问题的教养，由以“主题”与“问题”为中心的跨学际、跨领域的知识所构成，追求可促进问题解决性思维和批判性思维的活动性协同合作的学习方式。

三、教育内容的课题与文化领域

（一）“分科”与“综合”

课程的内容基于两个原理编制。一个是以学科为单位编制，另一个以特定主题（课题）为中心综合地组织多学科内容来编制。正如前一节提到的一样，一般而言，基于“博雅教育”传统的课程多是以学科为单位编制的，而基于“通识教育”传统的课程多是以主题（课题）为中心综合诸学科内容编制的。

但是，“博雅教育”与“通识教育”的差异与课程的形态无关。课程以学科为单位编制时，也有将各单元作为综合学习展开获得“通识教育”特质的情况；而废除学科以“主题（课题）”为中心组织综合性课程时，也会出现各单元集中学习某一学科，显示出“博雅教育”特质的情况。

在日本，讨论课程时常常会陷入“分科”与“综合”两者选其一的争论，但是实际上应当认识到课程的教育内容编制存在以“学科”为单位编制和以“主题（课题）”为中心编制两个维度。以“学科”为单位编制是以语言、历史、科学、艺术等文化领域为基础的编制维度，以“主题（课题）”为中心编制则是以环境、和平、福利、教育等现实问题为单位编制的。这两种编制的原理与基础是不尽相同的。

现在流传着一种“系统性”是“学科”学习特征、“综合性”是“主题（课题）”学习特征的见解，但这两者的关系绝不是那么简单的。例如，同样是“学科”，“物理”可以说内容是“系统性”的学科，而“生物”则是以认识“多样性”为中心的学科，与其说是“系统性”，不如说是以“综合性”与“整体性”为特征的学科。可见，“学科”未必是以“系统性”、“体系性”为本质的。“理科”这门学科本身是综合了“物理”、“化学”、“地理”、“生物”等的综合学科，与其说体现“系统性”、“体系性”，不如说是体现“综合性”、“整体性”的学科。在“社会科”、“家政科”中，这种特点也极明显。相反，以“主题（课题）”为中心的学习，例如像汽车学校分阶段、系统地排列教程，不能说其一定缺乏“系统性”，也不能说其具有“综合性”。

以“学科”为单位的学习和以“主题（课题）”为中心的学习的差异，就是以文化领域为基础的学习与以现实问题为对象的学习间的差异，这两者建构课程的逻辑是不同的。

（二）学科的结构

正如“博雅教育”的推进者希斯特（P. Hirst）所指出的，以“学科”为单位的学习，具有该学科特有的“内容与形式”。数学有数学特有的“内容与形式”，历史学有历史学特有的“内容与形式”。

这种学科特有的“内容与形式”一直被表述为“学问（discipline）”这一概念。

对学问中心课程中所普及的学科“结构”原理展开根本性考察的，是生物学教科书（BSCS）及其教师用参考书的编辑、执笔者，芝加哥大学生物学家、教育学家施瓦布。施瓦布对得到普遍性推广的学问中心课程的教育内容结构偏重单向灌输教育及儿童的学习始终倾向于习得现成结论这两点，进行了严厉批评；并指出，追求现成结论的学习，无论在过程中如何以“发现学习”的方式开展，都只是学习“服从性修辞学”，主张必须将“作为探究的科学”引进到教育过程中。

施瓦布认为，学问（学科）的“结构”由“实词结构（substantive structure）”与“句法结构（syntactic structure）”这两种“结构”构成。学问的“实词结构”是学科内容的概念的意义结构，是该概念用什么用语表达，具体指的是什么对象的“结构”。而“句法结构”是学科内容的概念的修辞结构，是体现该概念用什么修辞探究的、如何被表现的“结构”。

对于学问的“实词结构”与“句法结构”，施瓦布更为重视的是探究与表现的“句法结构”。这是因为在“作为探究的科学”的学习中，比起“实词结构”，多需要实现“句法结构”，也就是认识与表述的修辞。

施瓦布的修辞中的两种“结构”可以对应为“学科内容的知识（of 的知识）”和“关于学科的知识（about 的知识）”。“of 的知识”是指构成该学科的知识，一般提及“学科内容”的时候，指的就是这种“of 的知识”；而“about 的知识”是可表现该学科性质特征的知识。也就是数学是怎样的学科、历史学是怎样的学科这样的关于学科性质的知识。

如果说“of 的知识”是与施瓦布的“实词结构”相对应的话，

那么,“about 的知识”就是与“句法结构”相对应的。可以说,以往的学科教育是以“of 的知识”即概念的“实词结构”为中心的教育。倘若展开“作为探究的科学”的教育,就需要以“about 的知识”即学科的“句法结构”为中心的教育。因为,比起“实词结构”,“句法结构”表达的是各学科的独特性。数学具有数学特有的表述结构,而历史学具有历史学特有的表述结构。我们正是通过习得并运用这些特有的表述结构,才能够创造性地展开该领域的探究。

施瓦布不仅重视“实词结构”,而且将“句法结构”也作为教育内容加以重视,是因为他认为学科教育的目的不仅是对学科内容的理解,而且在于建设共同讨论各学科特有的表述结构的共同体。建设“学习共同体(learning community)”是施瓦布的“作为探究的科学”之学习的另一个主要目的。施瓦布对“学习共同体”的追求主要是基于“学问”这个概念的由来。“学问”从词源上来讲意味着“弟子(disciple)”的共同体。正是“弟子”共同体形成对特定领域进行“探究”的表述结构,于是“学问(学科)”得以建构。

施瓦布提出的“学问”概念与“句法结构”,为将学科教学重新界定为根据特定表述结构组织探究、建构共有这一表述结构的共同体开辟了道路。

(三)课程的文化领域

课程是以“学问”为背景来组织的,但是,并不是将大量的“学问”作为多个“科目”并列地加以组织。例如,“语文”是进行语言教育的学科,但语言教育不单在“语文”科,而是通过所有科目来进行的。课程是作为“学问”的集合体来构成的,但并不是所有“学问”都被组织成了“学科”。学校教育课程应当把文化的公共领域作为“共同教养”加以组织，应当以一定均衡性来组织多样的“学问”。为了综合性地、结构性地重构课程中所编制的“学问”内容，就得设定综合了若干“学科”的“文化领域”并加以探讨。

课程“文化领域”的构成方法，有诸如设定与儿童“智力”相关多元领域的尝试、从“博雅教育”角度出发重构“共同教养”的尝试、从“通识教育”角度出发重筑“共同教养”的尝试等多种方法。

第一种设定与儿童“智力”相关多元领域的尝试，可以列举认知心理学家加德纳（H. Gardner）的“多元智能（multiple intelligence）”理论。加德纳通过对因意外事故引起脑功能部分受损临床案例的研究，揭示出脑功能由七个多元领域构成，提出了“多元智能”理论。“多元智能”理论否定了作为智力测验前提的“智力一般因子（g 因子）”的存在，改变了教师对于儿童能力的传统认识。加德纳认为：“正如所有能力都优秀的儿童是不存在的一样，任何能力都差的儿童也是不存在的。”他建议课程应当取得七个领域的平衡。加德纳提出的“多元智能”的七个领域分别是“语言智能”领域、“音乐智能”领域、“逻辑·数学智能”领域、“空间智能”领域、“身体·运动智能”领域、“自我认识智能”领域与“人际交往智能”领域。

第二种是寻求国家认同统合的“共同教养”的尝试。这一领域的代表性研究是新保守主义梦想家希尔斯提出的“文化素养”。希尔斯在《文化素养》（1987 年）中批判了文化多元主义和相对主义，并提出所有美国人都必须掌握无关历史性、社会性情境的重要的“5000 知识”。

希尔斯所倡导的作为“文化素养”的“共同教养”，与时任第二届里根政府教育部长、新保守主义教育改革主导者贝内特（W. Bennett）的“共同教养”理论遥相呼应。贝内特指出，《公民权法》（1964 年）实施以来的文化性多元主义与价值、认识的相对主义，引发了社会混乱和道德堕落，导致了国家危机，提倡以共通的“教育内容（content）”、“人格（character）”、“学校选择（choice）的自由”这三个“C”作为学校改革的中心概念。对于其中共通的“教育内容”，贝内特提出将继承了西欧人文教养传统的“语文”、“数学”、“社会”、“历史”、“理科”作为“共同教养”主要学科的教育方针。

第三种是立足于“通识教育”的传统重新探究“共同教养”的尝试。这个谱系中“共同教养”的文化领域，按照各种内容与不同的分类方法被探索着。例如，对全美高中的“通识教育”课程进行了调查并做出报告的卡内基教育基金会的博耶（E. L. Boyer）提出，高中的目标是“语言的习得”、“有内核的共通学习”、“劳动与继续学习的准备”、“对地球与市民的贡献活动”，并倡导作为共通学习的核心应设定“文学”、“美国史”、“西方文明”、“西方以外的文明”、“科学与自然界”、“技术”、“数学”、“外语”、“艺术”、“公民”、“健康”、“劳动”诸领域。

以这次调查为契机，哈佛大学的教育学部原部长赛泽（T. Sizer）组织了命名为“本质学校联盟”的中学改革运动联合体。这项改革运动提出“少即多（Less is more）”的原则，重新将因分科过细而阻断了相互间联系的学科整合为综合学科，摸索重建学校为“小型学习共同体”的改革。正如这个改革小组提出的“探究与表达”、“数学与科学”、“文学与艺术”、“历史与哲学”那样，这一运动展开了以本质内容为中心来简化学科组织的改革（Sizer, 1992）。

卡内基教学促进基金会于 1987 年刊行的大学教育调查报告

《社区学院本科教育经验》也因提出了“通识教育”中所应追求的共通教养领域而受到关注。该报告倡导在“语言——决定性的组带”、“艺术——美学经验”、“历史遗产——活在现在的过去”、“制度——社会性纲领”、“科学——自然的世界”、“劳动——职业的价值”、“自我认同——意义的探究”七个领域组织“综合必修课程”。

在初等教育阶段也同样存在立足于“通识教育”立场来设定共通教养领域的尝试。例如，活跃于教育一线的开放学校的指导性实践者科尔（H. Kohl）总结了进步主义教育的历史，提出了“可精确地使用语言的能力”、“发现问题、进行实验并解决问题的能力”、“理解科学性技术性思考、可活用思维手段的能力”、“活用想象力、可参与并鉴赏个人或集体表达的能力”、“能够理解个人在集体中活动方法的能力”、“掌握终身学习方法及他人成长学习方法的能力”这六种构成民主型市民的“基础学力”领域（Kohl，1982）。

如上所述，课程编制的学科是对应若干文化领域而被组织起来的。我们存在一种认为每一个文化领域都对应着特定的学科的误解，我们需要重新认识，显示课程所编制的学习经验复合性内容的文化领域与由课时表、教科书划分的学科，是各自相对独立的个体。例如，语言的运用与表达不单是“语文”，而应当是所有学科共同来追求的文化领域，同样，富有想象力、艺术性的展示，也不仅在“音乐”与“美术”学科中，也是其他学科教学应当渗透的文化领域。

（四）基于课题的教育内容的组织

课程不仅是以学科及构成其背景的文化领域作为基础来组

织教育内容，而且是以社会问题与生活问题为主题来组织教育内容——这种编制方式，与“基于学科组织”方式相对，被称为“基于课题组织”。

“基于学科组织”的课程与“基于课题组织”的课程不是非此即彼的关系，在编制课程时，应当对这两种不同的课程编制基础加以理解。一种是以学问领域的传统及其文化领域为基础，另一种是以人们旨在解决社会问题、创造自己的生活过程中展开的学习为基础。

实际上，仅仅凭借“基于学科组织”的课程，对于人类面临的生态环境问题与和平问题，或是谁都会面对的生老病死问题、性问题、人权问题、育儿问题及老年人抚养问题等的教育是不充分的。单纯以学科为内容的“博雅教育”的教养教育课程是精英主义的传统。塑造民主市民，培养自立的、拥有合作精神生活者的课程，必须与“基于学科组织”的课程并行，追求“基于课题组织”的课程。

“基于课题组织”的课程可以设定各种各样的主题与问题并加以组织。可以展开“环境”（资源、废弃物、自然保护、生态系统等）、“和平”（战争、核武器、军备、民族纠纷、宗教战争等）、“人权”（性别歧视、种族歧视、公民权益等）、“信息媒体”（电视、报纸、电脑、影像文化等）的学习与“生与死”（生离死别）、“性”（性别歧视、恋爱与婚姻、家庭）、“抚育与教育”、“劳动”、“健康”、“福利”等课题的学习。以这些课题为中心组织编制的课程，可以发挥出整合多种学科文化领域、发展以现实问题为对象的批判性思维与解决问题的思维、赋予儿童学习的现实意义、使学校教育与社会相结合的功能。

四、隐性课程

（一）学校的潜在性功能

学校教育不仅仅是通过有目的的、显性组织的课程来实现的。实际上，在无意识中还发挥着人格培养这一潜在功能。20 世纪 70 年代以来，关于“隐性课程”的研究引起了众多课程研究者的关注。“显性课程”一直以来作为以“目标”、“结构”、“基础”、“建设”、“构成”等行为科学与系统工学为基础的技术学、建筑学的隐喻被加以探讨，而关注“隐性课程”的研究者们则用“政治性社会化”、“意识形态”、“权力关系”、“礼仪”、“异化”等政治学、社会学、现象学、文化人类学、民族学方法论的话语来探讨课程，提出了使学校潜在功能可视化并批判性地验证的视点。

关于“隐性课程”的定义不一，有多种阐释，这里将其界定为“学校教育过程中潜在的政治性、意识形态性的社会化功能”加以探讨。

最先提出“隐性课程”概念的是芝加哥大学的教育学家杰克逊。杰克逊著有以教室集约性参与观察为基础的《班级生活》（1968 年）一书，通过借助解释学的方法，成功地对学校日常生活体验的潜在性教育功能做出了结构性描述。意味深长的是，他与文化人类学家对关进“笼子”这一人为装置中类人猿的行为研究的讨论是引发其研究日常课堂生活的潜在功能的直接契机。在课堂这一人为的、封闭的装置中，可以学到什么东西呢？这一设问为对教室及在教室里所经历的各种经验的探讨提供了新的视角。

杰克逊注意到，儿童只在小学 6 年间用于课堂的时间，相当于一个人在 50 年间坚持每周去一次教堂的时间，同时也发现教室与教堂一样，都是可以体验到其他的日常生活中所体验不到的经历，是具有特殊功用的场所。教室这样的场所，无论是在物理环境、社会关系中，还是在日常活动中，是几乎每日都重复同一种体验的以持久性为特征的场所。封闭的而又不断重复某一活动这一点，教室显示出与监狱、精神病院类似的特征。杰克逊将类似于教堂、监狱、精神病院的教室中课堂经验的特征，设定为“群集”、“赞赏”、“权力”这三个关键词进行解读。下面简单概述一下相关内容。

永远作为“群集”存在、在有限的资源和被动的课时中必须进行学习的教室中，教师发挥着维持秩序的交警、裁判、供应物资的军官以及时钟的作用。而学生，无论在举手发言时、寻求教师帮助时、喝水时、削铅笔时，总是被强行要求“排队等候”。这样，教室成了学习耐心等待、学习延缓自己的行为、学习放弃自己的需求、学习即便受到干扰或是自己的兴趣转移也仍需专注于所布置的任务的场所。

教室是不断伴随“赞赏”这一评价的场所。不仅教师做出评价，学生间也相互对彼此的行为与态度进行评价，每一名学生也对自己进行自我评价。评价的对象主要有学业的达成程度、对于制度的适应及个性三个要素，对于学业的评价只是其中一部分。儿童拼写错了教师不会训斥，但是如果过分吵闹或是不听从指示，就会遭到教师严厉的训斥。一般说来，教师倾向于多做出肯定性评价，但学生则用其他方法来应对教师和同学的评价。他们或是隐瞒否定性评价，或是反抗教师的评价而渴望得到同学们与教师相反的评价，或是无视评价，或是担心受到伤害从而学会对任何评价都采取冷静的态度。就这样，学生们通过教室中的评价，从泪水与消耗中学会了保护自身的心理缓冲法。

教室也是大人们“权力”运作的场所。与家长的“不准……”

这样的禁止性权力相比，教师的权力是“做……”的命令性权力。在教室中，比起满足自身的需求来，学生更应该学习尽力为教师的需求服务。对于学生来说，教师是第一位凭借权力控制工作的上司，而且学生受到的权力控制超过了产业工人受到的所有控制。工人可以违背上司的命令辞职不干，但学生不能辞退学校。无论在多进步的课堂里，教师行使权力是不可避免的。即便小学一年级的学生也熟知老师不在的话需要有代课老师，但学生不在的话是没有关系的。教室，是一个学习适应权力及应对方法的场所。

杰克逊将这种基于对“群集”、“赞赏”、“权力”的适应与应对的学生在教室中所体验的学习称为“隐性课程”；并指出，通过“隐性课程”，学生被培养成即便没有真正理解也能正确作答的“考试通”学生，可以回避学校生活之苦的“学校通”学生，在教师的权力下生存的“教师通”学生（Jackson，1968）。

（二）政治性、意识形态性的社会化

让我们确认一下杰克逊提出的“隐性课程”的以下三点内容。第一，正如“隐性课程”的功能被描述为“company（企业社会）”的适应过程一样，杰克逊将课堂描述为“企业社会的雏形”，认识到“隐性课程”促使学生向企业社会的劳动者迈进的社会化功能。

第二，杰克逊并非主张应当剔除或者克服这种“隐性课程”功能。他呼吁、强调的是，认清即便在追求革新的课堂里也存在“隐性课程”的潜在功能这一事实的重要性。比起直接解决实践性问题，杰克逊更期待通过剖析班级日常生活的实际及唤醒对于潜在功能的意识，以便能为将来做准备。

第三，杰克逊认识到“隐性课程”与“显性（official）课程”处于互补关系。此后，许多人认为“隐性课程”这个概念是指在

学校教育的深层，自发地运作的政治社会化的功能，但杰克逊是将“显性课程”与“隐性课程”作为互为媒介的概念提出的。

在《班级生活》中，仅有一处简单地表述了“隐性课程”，但此后其成为课程研究的核心概念之一并得到普及，进而引发了对于学校教育过程中潜在的政治性、意识形态性的社会化功能的关注。与此同时，这个概念本身也在多个意义上被使用。既有将其与有计划、有目的的“显性课程”相区分视为无意识功能（Dreeben，1976）的观点，又有对“深层”看待“隐性课程”这一见解持批判性的意见，将教室中的知识与行为视为在官僚性、管理性压制之下形成的支配性意识形态下的产物（McLaren，1989）的观点。而今天，这个概念作为显示学校教育的过程中潜在地发挥政治性、意识形态性的社会化的所有功能的用语而被使用。

五、课程政治学

20 世纪 70 年代以来，以概念重建主义者对“课程”的重新界定及各界对“隐性课程”的关注为基础，课程政治学的研究一举扩大。下面，简要地阐述一下以“非学校化社会理论”、“对应理论”、“再生产理论”以及“批判理论”方式展开的课程政治学研究的概要。

（一）非学校化社会理论

在批判性地探讨学校制度与教育方式方面，没有哪本论著比伊利奇（I. Illich）的《非学校化社会》（1970 年）更触及根源的了。伊利奇以普埃尔特里克的天主教大学与墨西哥的国际文化资料中心为据点，对教育与医疗制度连续发起了文明论批判。伊利奇认为，医院、学校和福利制度，使人们一直以来通过维护自身健康、学习生活智慧和技巧而掌握的日常的智慧无能化，使人们沦落为依存制度化的技术来生活，并被迫过上贫困和寄生的生活。这就是伊利奇的文明批判。

在《非学校化社会》一书中，伊利奇主张通过“学校化社会（schooled society）”的“非学校化（deschooling）”实现向“非学校化社会＝共生的社会（convivial society）”过渡。“非学校化”是实现这一设想的战略性手段。

伊利奇这样阐述撰写该书的目的：“我希望通过此书向人们展示，如果人们推进价值的制度化，那势必会造成物质环境的污染、社会的贫富分化以及人们的心理无助这些后果。”他在书中警告由于教育、医疗、社会福利、心理疗法等制度，会造成贫困阶层的需求转变为商品化的服务需求的社会。指出“学校化社会”就是使以往在相互扶助的社会里过着普通生活的人们陷入“现代化的贫困”，边学边成长的学习智慧被学校制度所管理，互助能力也由于福利制度的管理而衰退，乃至政治能力也衰退的社会。

伊利奇用“隐性课程”说明了学校教育的衰退过程。学校通过“隐性课程”发挥着向“消费社会”及“劳动市场”迈进的“通行礼仪（initiation）”作用，成为对从“新世界教会”的“知识产业”中调配来的“知识”这一“鸦片”进行分配、调整的装置。这就是伊利奇对学校教育最主要的批判。

基于这种批判，伊利奇提出了通过“非学校化”构筑“学习网络”这一独特的学校改革战略。也就是，作为学校的代替物，构筑由“事物”、“榜样”、“伙伴”、“长辈”这四个从事起码的学习所必需的基本要素构成的“学习网络”的改革战略。他还指出，这种“学习网络”不是培养工业化、计划性社会的“普罗米修斯”，而是为废除人为的生活，在神话的礼仪与社会习俗中同伙伴共同成长的“埃皮米修斯（普罗米修斯的弟弟）”的再生做准备（Illich，1970）。

基于“非学校化”“共生社会”的构筑这一乌托邦式构想，与作为一种宗教革命展开的伊利奇的教育批判不是完全无缘的。其特点体现在伊利奇的“非学校化社会理论”中用教会的权力与功能来隐喻学校的权力与功能这一点上。在伊利奇看来，所谓“学校”，是一种世俗化了的教会权力；而所谓“现代社会”，则是通过世俗化而君临“世界宗教”宝座的学校所创造出的社会。因此，“非学校化”是从造成地球崩溃、贫富扩大、政治与生产衰退的“学校化社会”中拯救出劳动者与贫民的战略，是通过“学习网络”来摆脱传统的教会权力和世俗化的学校权力，实现新型社会（共生社会），作为一种宗教革命而构想出的教育改革战略。

（二）对应理论与再生产理论

第一本研究课程政治学的教科书是由鲍尔斯（S. Bowles）和金蒂斯（H. Gintis）撰写的《美国资本主义与学校教育》（1976 年）。鲍尔斯与金蒂斯运用历史唯物论的社会结构理论，提出应从学校教育对应于社会经济基础（下层建筑）的上层建筑的功能来认识学校教育的新框架。这个框架因上层建筑对应下层建筑这一点而被称为“对应理论（correspondence theory）”。“物质生产力”构成基底，上面是“生产关系”，在此之上形成“制度”，而最上层是意识形态，这就是“对应理论”的基本框架。鲍尔斯和金蒂斯以“对应理论”为原理，分析出学校教育中校长与教师、教师与学生、学生与学生的人际关系，乃至学生的学习活动与劳动者的劳动关系等“教育的社会性关系”，是反映并作用于生产关系中阶级的、阶层的构造，并对这一构造进行再生产（Bowles and Gintis，1976）。

鲍尔斯与金蒂斯的"对应理论"一举提升了对于资本主义社会学校的阶级性特征与学校作为劳动力再生产装置这一功能的关注。受到"对应理论"的启发，阿普尔（M. Apple）与亨利·吉鲁（H. Giroux）等从法兰克福学派的批判理论转向马克思主义的教育学家们，创建出课程政治学来探究学校教育作为阶级关系的社会性再生产装置的功能。

但是，许多学者对鲍尔斯和金蒂斯"对应理论"中的基底还原论提出了若干疑问和批判。正如批判斯大林主义的历史唯物论时被指出的一样，即便教育属于上层建筑，对其上层建筑现象的解释也无法全部还原为下层建筑（生产力与生产关系）。另外，从实践角度探讨学校教育时，即便将学校内部所产生的问题还原为学校外部的"基底"并加以解释与批判，也无法得出任何有效的解决方法。

路易·阿尔都塞（L. Althusser）提出的"国家意识形态装置"这一概念为克服"对应理论"中基底还原主义带来了希望。阿尔都塞批判了将经济基础（下层建筑）与社会制度（上层建筑）还原为因果关系的框架，阐明了包括学校在内的社会制度作为使劳动阶级"从属／主体化"的"国家意识形态装置"发挥功用的原理（Althusser，1970）。受到阿尔都塞观点的影响，课程研究者吉鲁对教育过程中意识形态功能做了以下描述。

"首先，意识形态是作为构成礼仪、实践以及学校日常活动的社会性过程所表现出的物质性存在。其次，意识形态既不是生产意识的系统，也不是生产持续地被动服从的态度的系统，而是作为使学生无意识的状态结构化的意义与观念的'表象（representation）'系统来发挥作用的。"（Giroux，1983）

就这样，"意识形态"成为课程研究的核心概念。学校教育被认为是一种将与控制物质与非物质财富的统治阶级的价值、利益、关注点相一致的文化表象化及实践的过程。课程被认为是表现政治性意识形态化过程的政治性教科书，而教育实践被重新定义为这种意识形态化过程中围绕“文化霸权（主导权）”的政治性实践。

在20世纪80年代发表的论文中，鲍尔斯和金蒂斯对于“对应理论”的机械性解释进行了自我批判。“简单说来，根本的问题在于，我们的研究方法仅仅立足于教育与经济的结构性融合，过分侧重教育与经济的内部协调关系，因此导致了对应理论对于整个社会内部由教育系统的分化所带来的种种矛盾做出了狭隘的、不适当的解释”（Bowles and Gintis，1980）。

此后，课程政治学主要通过两种研究而得以具体展开。一种是阐明学校的文化性、社会性再生产中政治性意识形态化的社会功能（隐性课程）的再生产过程研究，另一种是探究从学校内部来瓦解这种再生产过程的“抵抗”教育实践研究。通过这两种研究的推进，再生产过程中内含的矛盾与冲突得以对象化、明确化。

例如，阿普尔批判了“对应理论”缺乏文化分析这一点，指出学校不仅再生产阶级性社会关系及统治阶级的文化，而且其自身也起着生产社会性关系及文化装置的功用，并揭示了基于古拉姆希（A. Gramusci）“霸权”概念的变革性实践的可能性，指出了学校是不同阶级、种族和性别的权力通过相互抗争来争夺文化霸权的政治性实践的场所。

“批判理论的学者们必须与女权主义团体、黑人和工会组织保持好关系，必须与那些在非常困难的条件下为保护教育民主化所获得的成果免受右翼的攻击而进行着激烈抗争的教师们保持好关系，借助这种成果，我们的学校、课程与教育实践有必要对种族、性别、阶级切实地负起责任来。”（Apple，1979）

同时，文化再生产理论的发展也是非常显著的。其中，特别是英国社会学家保罗·威利斯（P. Willis）的《哈玛塔翁的混小子们》（1981年）分析了反抗学校文化学生们的日常生活样态，描绘了他们在对统治文化的反叛过程中，却讽刺地一步步沦为劳动者阶级最底层的过程。这些高中生们将优等生揶揄为“耳洞人”（被动性存在的隐喻），批判学校教师的权威，瞧不起学校文化中产阶级式的优雅，但正是据此获得的劳动观点及与友人、异性的接触方式导致其被重新组织到最底层的劳动者阶层。文化性再生产与其说是通过学校教育的外部控制被动地实现的，不如说是通过学校内部的过程能动地完成的（Willis，1981）。

另一个研究方向是“抵抗（resistance）”教育学的展开。率先使用“抵抗”概念的是保罗·威利斯，而将这一概念活用为克服“对应理论”的基底还原主义的概念，通过与批判理论相结合，并将其发展为寻求教育实践可能性概念的是吉鲁。

吉鲁批评“对应理论”与“再生产理论”的基底还原主义是使教育实践的可能性陷入无效境地的“绝望的表述结构”。吉鲁指出，学校课程不仅是统治阶级文化、意识形态及阶级关系再生产的装置，同时也是实行“抵抗”的实践、进行反霸权斗争、实现民主主义文化性实践的过程。吉鲁将“教育实践”重新定义为构成多样的种族、阶级与性别文化互相交流融合的公共空间的政治性实践（Giroux，1988）。

六、课程的文化研究

（一）文化研究

课程政治学近年同文化研究相结合而发展。文化研究是以本雅明、阿道尔诺、霍克海默、马尔库塞等人为代表的法兰克福学派批判理论的文化批评传统及英国社会学的阿诺德、威廉姆斯、霍加特等人的文化批评传统作为基础，推动文化政治学批评的新社会学思潮。文化研究的特征在于跨领域推进文化性诸现象的政治学阐释，推进后殖民主义文化殖民地化（colonization）的分析、基于文化性差异政治学性别与种族认同问题的分析及大众文化的政治学分析。文化研究打破了以往社会学、文学、政治学与教育学的边界，可以说，为文化传承与再生产装置的课程研究提供了极大可能。

目前，作为文化研究而展开的课程研究尝试，通过对性别不平等与性别认同相关的课程研究、大众文化教育功能的分析以及文化性差异政治学研究，得以具体化，并通过以女权主义和批判理论为基础的研究者们的推动，作为课程的文化政治学得以不断推进。

（二）女权主义的视角

例如，从女权主义角度来研究课程中“性别不平等的社会化”的埃尔斯沃思（E. Ellsworth），对 20 世纪 30 年代以来 65 年间的 30 部教育纪录片与 150 部面向课堂的教育电影进行分析后指出，这些纪录片与电影都带有向学生宣扬通过学业取得成功的目的，可同时也起到了向学生展示从属于父权关系的女性模式，并引导学生走向这一模式的功能（Ellsworth，1991）。

另一方面，格鲁梅特（M. Grumet）揭示了学校课程首先剥夺女性的性别认同，使其中立化后，再在父权关系中重建女性化的政治性过程。格鲁梅特指出，学校教育将亲子关系中内含的互为主体互惠的人际关系转变为以学业成绩这一“优才制度

(meritocracy)”为基轴的父权式师生关系，使其转换为主、客体二元对立关系；并提及当女性通过学校教育踏入公共世界后，就开始了母女间亲密关系瓦解的过程。

“男性为获得男性特质而与女性缔结关系，可这却使女性对一直以来培育出的自身本质性连带关系的感情与行为进行否定。换言之，女性为了参与公共世界而否定其自身的母性。政治则否定家庭（公共世界对于女性所要求的）伦理，为能努力构建出促进自律和差异化的伦理性探讨，否定了身体的经验、与特定个人间的经验以及亲密的经验。”(Grumet，1988)

格鲁梅特指出，在这个女性的性别剥夺与中性化的过程中，以“共同教养”为教育内容的课程极其显著地进行。这是因为学校课程所组织的“共同教养”，丧失了与儿童经验世界间的直接关系，从而使许多假面具以权力的方式、内化的知识而登场。儿童通过学习“共同教养”而变为“作为他者的儿童”，变为被贴上了“优等生”、“差等生”标签的“学生”。作为这种政治性社会化的对抗原理，格鲁梅特提出了基于女权主义差异的政治学主张。

下面介绍从女权主义立场研究教育伦理并展开独特尝试的诺丁斯（N. Noddings）的关爱（Caring）教育理论与课程构想。为与以生产、控制、支配、竞争等男性原理构成的学校教育抗衡，诺丁斯提出了“关爱（Caring)”的概念，提倡用“关爱（Care)”的具体表现——“照顾”、“养育”、“福利”、“护理”等以“生活者的知性与伦理”为中心的课程来重建以“博雅教育（学科教育)”为中心编制组织的精英主义课程的改革。这种关爱教育的课程由“关爱自我”、“关爱亲人”、“关爱陌生人”、“关爱动物、植物、地球”、“关爱人造世界（工具与技术)”、“关爱创意（艺术与学问)”六个领域构成，倡导用“观摩”、“对话”、“实践”、“信念的表明”等方法来学习这六个领域的文化内容（Noddings，1992)。

诺丁斯关爱教育并不是作为文化研究而展开的，却为对一直以来按男性原理组织的课程展开批判性的探讨及重建提供了新视角。

（三）大众文化与差异政治学

与女权主义研究并列，大众文化研究也是一个可为文化研究做出贡献的值得期待的领域。高举“边界教育学（border pedagogy）”旗帜，将大众文化作为后现代社会“抵抗”教育学的方略提出的是从批判理论出发的吉鲁。吉鲁并不是对权力与知识关系中所隐含的种族、性别、阶级的“边界”进行重新界定，也不是将各“边界”领域进行重新划分，而是将在这个“边界”中表现为文化差异的权力关系作为“差异政治学”的研究对象，提出了“边界交叉（border crossing）”的教育课题。通过这种方略，吉鲁将教育的理论、实践与为民主主义社会做准备的斗争相结合，试图将由现代主义的“解放”所构成的教育学修辞转变为以后现代主义的“解放”为基础的教育学修辞。

吉鲁认为，“边界教育学”追求的并不是将单一领域中结构化的知识与权力关系作为教育内容的单一的自我认同的教育，而是使数个领域的知识与权力关系浑然交叉，多元的、复数的对话结构与自我认同得以建构的教育。吉鲁还指出，在种族、性别、阶级、阶层的差异相互冲突、碰撞的“边界”中，文化代码与政治代码也是多元化、复数化的。而这种“跨越边界相互沟通”的实践，正是新的“抵抗”教育学与教育实践成立的基础。

在这种“边界教育学”（差异教育学）中，吉鲁所设定的课题领域之一是被其称为“抵抗教科书”的对大众文化的教育学批判。例如，对劳动者阶级的儿童与青年而言，摇滚音乐、电影、电视剧与漫画杂志等大众文化，是其构建自我认同的重要教科书，成为对抗学校课程的强有力的“抵抗教科书”。而且，大众文化借助“快乐（pleasure）”至上这一解放原理，实现了对青少年日常生活中繁杂“学习经验（课程）”的统合。通过这种“快乐”经验，这些青少年脱离了学校课程知识领域，改写了知识与权力的地图，重划、重建了知识与权力的边界，实现了脱离中心化，并开展了围绕文化性认同的政治性实践。吉鲁通过对这些热爱大众文化的青少年经验进行“文化政治学”分析，不断探究在文化性差异边界领域成立的教育实践的可能性（Giroux，1996）。

文化研究为课程研究带来了空前的广度，横跨社会学、人类学、历史学、美学、文艺批评、教育学等诸多领域的文化研究方法，揭示了学校教育文化的多层性与复合性，也为将青少年文化经验中所隐含的政治学及其实践课题作为学校课程问题进行探讨，提供了新的修辞学。

第八章

教师的专业性

一、教师形象探究

（一）对教师关注度的提高

20 世纪 80 年代以来，世界各国的教育研究对教师文化和教师教育（在职教育）的关注度日益提高。截至 20 世纪 70 年代教育研究的论文中，只有极少数以“教师”、“教师文化”、“教师教育”为主题，但是在八九十年代，以这三个关键词构成的研究领域已成为教育研究中的最大流派。至少到 20 世纪 80 年代中期，教师还只被看作将中央机关与研究者们所开发的课程导入教室中的“导管”（Connelly and Clandinin，1990），但是现在的教育学已经认识到教师是具有最大权限来决定教育实践的设计者，是通过自身将课程的文化内容和意识形态内化、具象化的教育主体。

一年比一年严重的学校与教室中的危机是对教师与教师教育关注度升温的主要背景。这个危机主要表现为学生逃学、学力不振、教师工作意愿者锐减、教师“燃烧殆尽（burn out）”问题。此外，20 世纪 80 年代以后将学校教育这一公共性领域从教育行政统制转向市场原理统制的新保守主义教育政策在英国、美国、日本等发达国家实施，对教师官僚性管理日趋强化，在大众舆论中教师成为替罪羊的现象也不断加剧。在这样的背景下，“教师文化”、“教师的专业性”、“教师教育”等问题领域一举成为教育改革和教育研究的焦点。

（二）教师的专业性

大家都认为教师是一个“专业性职业（professional）”。但是从教师的工作内容和社会地位上看，实际上并未具备专业性职业的内核，制度上看也未被规定为专业性职业。

一般被称为“专业性职业”的职业（医生、律师、大学教授等）都具有以下几个特征。第一，不是以个人利益，而是以为大众福利做贡献为使命的、具有公共性及社会责任的职业。第二，拥有其他一般民众所没有的高度专业化的知识和技术。第三，拥有完善的可保障其高度专业性知识和技术的研究生教育培养系统。第四，在制度上保障作为任用、罢免及开展工作的专家自律性（professional autonomy）。第五，作为专家的自律性得到行政权力的支持，有可以互相促进，提高其自身专业性知识、见解及伦理性的专家协会（professional association）。第六，拥有可以规范其作为专家的社会责任的职业伦理纲领。

逐条比照这六条就可以清楚地发现，现实中的教师既没有被认证为专业性职业，也没有完全获得作为专业性职业的所有要件。虽然符合第一条“具有高度公共性的职业”这一要求，但是就第二到第六条而言，教师这一职业实际上并没有完全达到上述标准。就第二条而言，因教师这一职业领域的知识与技术是极其多元复杂的，所以还未像医生、律师和大学教授一样确立其“知识基础（knowledge-base）”，恐怕未来想要明确确立也很困难。而就第三条要求需要研究生阶段的专业性教育而言，现在还只有少数人满足这一要求。而第四条，作为专家的自律性则是在行政官僚管理下而被完全剥夺了。以日本为例，如果教师这一职业是专业性职业的话，在教室中有学生学习困难，如果不依据自律自主的判断，摆脱《学习指导要领》的束缚，采取适合那名学生学习特点的教育活动的话，就会被追究责任，可现实中的教师，如果不按照《学习指导要领》的要求就要被追究责任。另外，教师也不具备第五条及第六条的专家协会和伦理纲领的条件。

上述事实导致教师实际上并不是“专家”而是“公仆（public servant)”。社会期待教师在教育行政的官僚管理下像“公众”的“仆人”般开展工作。日本的教育法规和教育行政文件将教师统称为“教员”这一固定用语正是这一意识形态的体现，“教员”这个词语正暗含了“作为公仆的教师”的内在意义。

“作为公仆的教师”不仅仅是在日本，而且是世界各国近代学校教育制度下教师的共性。而花费了近一个世纪的时间，力求摆脱“作为公仆的教师”的制度框架的诉求，推动了教师职业的专业化进程。

（三）“技术熟练者”与“反思性实践家”

一直以来，推动了教师专业化发展的理论与实践存在两种完全不同的谱系。一种是认为教师与其他专业性职业一样，专业基础由专业领域的科学知识与技术的成熟度所支撑，教师专业性力量由学科内容的专业知识及教育学、心理学的科学性原理与技术所规定的谱系支撑。另一种谱系将教职设定为在复杂的情境中解决复合性问题的文化性、社会性实践领域，认为构成教师的专业力量的基础在于：主体性参与教育的各种问题情境，与儿童缔结活跃的关系，通过省察与熟虑来发现问题、解析问题，选择与判断问题解决办法的实践性见识。前者被称为“技术熟练者（technical expert)”型教师，后者被称为“反思性实践家(reflective practitioner)”型教师，这两者构成了相互对立的教师形象（Schön，1983)。下面对比这两种教师形象与教师教育，进行简单探讨。

一方面，在“技术熟练者”教师形象的框架下，教育实践是学科内容知识与教育学及心理学原理及技术的合理适用（技术性实践），教师的专业性受到这些专业性知识、原理及技术等熟练度的支撑及保障，其专业性成长具有对教师相关领域科学知识及技术习得的技术性熟练的特征。而且，教师教育的课程开发，是通过努力确定、组织与教师相关的理论、原理、技术等“知识基础”而展开的。

纵观历史会发现，试图运用科学性原理与技术来解释及控制教育过程，是现代的诱惑也是现代的欲望。教师教育由师范教育转为大学教育，正是在这种现代主义的职业专业化背景下得以推动的，现在的教师教育制度、内容、方法也是以此模型为基础而确立的。

另一方面，在“反思性实践家”教师形象的框架下，教育实践指包含了政治性、经济性、伦理性价值实现与丧失的文化性、社会性实践。这一模式的教师专业性，被运用复合性的、高度的知识与见识来展开发现并解决实践性问题的实践性见识（practical wisdom）的成熟度所支撑并保障，在解决实践性问题过程中形成的“实践性认识（practical epistemology）”得到不断发展是其专业性成长的一大特征。而且，这种模式的教师教育主要以实践性研究（行动观测法或是案例研究）为核心来组织、开发课程，旨在培养可综合各种学问的知识与见解，切实、灵活解决具体问题的能力。这一模式中的教师专业形象是由舍恩提出的“反思性实践家”，这一模式专业力量的培养并未停留在对所定科学性原理、理论知识及合理性技术的习得上，而是将提高专业力量的可能性集中在融会贯通、综合运用这些原理、知识与技术并对问题情境进行“反思（reflection）”、“熟虑（deliberation）”与提升“实践性见识”上。

这两种教师形象在教育实践的认识与表现上，也显示了不同特征。“技术熟练者”型教师的实践性认识通过将复杂的情境与事件尽可能抽象化、一般化为简练的可明示的概念与原理，不断扩大“确定性”；与此相比，“反思性实践家”型教师的实践性认识，通过阐明表面看似单纯的情境与事件中所包含的复杂、多义、丰富的内涵，不断深入“不确定性”的世界。在探究与表现上，前者多采用收敛为单一命题的“范式方式”，而后者多采用可表现多元多义内容的“叙事式方式”（Bruner，1985）。换言之，前者追求客观性、严密性及科学性，要求超越个别状况的普遍性、原理性理解，而后者追求对情境进行多角度、细腻、个别化的具体性认识。另外，在表达这种认识的叙述中，前者多以“教师＝研究者”的角度，用第三人称（复数）或非拟人的文体来展开客观性记述，而后者，多以“教师＝叙事者”的角度，运用尊重主观性的第一人称（单数及复数）的文体来记述（佐藤，1996）。

这两种教师专家形象，各自主张自身的合理性，彼此对立，构成探究未来教师形象的难题。

（四）教师文化的研究

教师拥有独特的职业文化已被大众所熟知。在路上的行人中我们常常可以认出那些身上具有教师气质的人，在学校访问、观摩中觉察到教师所特有的想法、思考方式和行为模式的时候也不少。我们把教师在职业共同体中所形成的一定模式的文化称为教师文化。

对教师文化的研究，大致是基于两种研究目的而展开的。一个是阐明默默制约着教师意识和行为的有形或无形的枷锁，并探索将教师从这些束缚中解放出来的途径。第二个是探讨教师专业性文化的可能性，探索如何构建教师间互相合作、共同成长的专业性共同体。

第一种研究目的的代表性研究当属 1932 年出版的芝加哥大学

社会学者沃勒（W. Waller）的《教学社会学》。沃勒着眼于教师间所形成的在一般社会中不常见到的特殊人际关系及文化，刻画出了“教师文化的陈规恶习”。沃勒的主要目的在于描述学校这个场所内所生成的教师文化的偏差性，批判非人性化的教师，提出必须恢复教师的人性。

沃勒对教师的深刻理解让人完全意想不到这是20世纪30年代所写的著作，整本著作贯穿了冷静的批判意识。该书所描述的教师文化的核心内容是伪善、权势、卑屈、狭隘等教师独特的“非人性（impersonality）”。沃勒指出，教师在受“机械原理”控制的学校里，以“滑稽的教育方法”高居于学生之中，形成伪善性、权势性人格这一“陈规旧习”。

沃勒认为，教师的“非人性”不仅源自官僚性教育行政，而且也是从社区对学校过多的道德期待与教师地位的孤立中派生出来的，认为在被奉为“道德博物馆”的学校里，教师扮演着“道德的权威”这一角色，形成了狭隘的权威的印象（Waller，1932）。

第二种研究目的的代表性研究是同为芝加哥大学教授、社会学家的洛蒂（D. C. Lortie）在1975年所著的《学校教师》。洛蒂的研究与沃勒的研究间隔了43年，当时学校的环境与制度已发生了巨大变化。在20世纪40年代美国约有10万个学区，而到了70年代已缩减为16000个学区。学校也在向中央集权化、效率化的行政制度过渡。这种教育行政的官僚化和效率化必然会唤起对教师责任及其作为专家自律性的关注。洛蒂正是为了解决这一课题，以探讨教师专业化的枷锁和可能性为目的而展开教师文化社会学研究的。

洛蒂勾勒出的教师复杂情感和行为充满了含蓄而深刻的内容。其中他用“职业的风土病”这一比喻来表现教师职业主要特征的“不确定性（uncertainty）”这一概念非常重要。洛蒂认为与其他专业性职业相比，教师缺乏确凿的理论与技术，对工作的评价过于随意，并将这一特征称为“不确定性”。他发现了正是在应对“不确定性”的过程中形成了教师文化的构造。他还指出因为“不确定性”，教师被囚禁在“蛋壳结构（＝教室）”中，从而形成了依附世俗的权势与权力，从心底对教育理论不信任，追求显性价值而依赖测试，相互孤立、同事间彼此对立这些教师文化的典型特征。

洛蒂对教师感情的叙述也一针见血。例如，洛蒂面向教师做过一项“哪一天幸福度最高，哪一天幸福度最低”的问卷调查，整理了关于“幸福的一天”和“不幸福的一天”的具体事例，通过对这些事例的分析发现，“幸福”的故事里教室里的学生一定会出现，“不幸福”的故事中都会出现校长、家长或者同事。同时，教师有在封闭的教室中构建“乐园”，对同事间合作、一同参加学校行政抱有消极态度的倾向。最后，洛蒂得出如果教师自身不克服这个问题就无法树立起教师的自律性和专业性这样的研究结论（Lortie，1975）。

二、教师文化的各种类型

（一）教师文化的规范类型

教师文化是在处理学校及教室问题中形成的，按照其制度化后的特征可被分为不同类型，是教师这一职业共同体中保持并得以传承的特有文化。参照不同的教师文化特征，结合日本所形成的教师形象，我们可按照“作为公仆的教师”、“作为劳动者的教师”、“作为技术熟练者的教师”、“作为反思性实践家的教师”来说明这些教师文化及教师形象之间的关系。如图 8-1 这四种不同类型的教师形象可以用“官僚化”对“民主化”、“专业化”对“脱专业化”两个相互交错的坐标轴来表示。

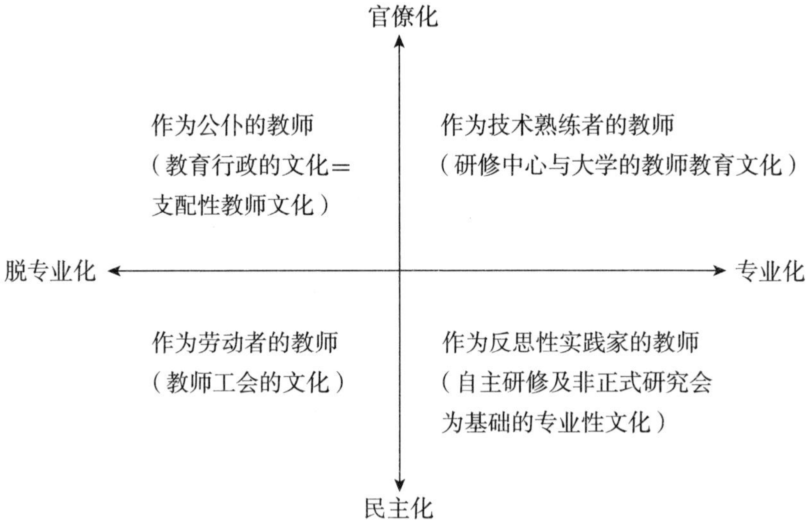

（佐藤学《教师文化的结构》，选自稻垣、久富编《日本的教师文化》，东京大学出版会，1994 年）

图 8-1　教师形象的类型及其文化

下面来整理一下不同教师文化的特征。首先，“作为公仆的教师”指的是作为公众仆从的教师，这种教师被要求对大众要有热情的献身精神和遵纪守法精神。就像前述内容中所提及的一样，这种教师形象是与“教员”这一饱含制度性、官僚性语感的文化相对应的。这种文化在现今的制度下仍然是教师的支配性文化，在这种教师文化下衍生出了种种人性的扭曲。

“作为劳动者的教师”是 20 世纪 60 年代以教师工会运动为基础而普及的教师形象。我们可以这样理解，从理念上说这种教师形象是为对抗“作为圣职的教师”而提出的，但是从现实角度上看，这一教师形象不如说是作为对抗“作为公仆的教师”而形成的教师文化。实际上，“作为劳动者的教师”有着强烈唤起教师自身社会意识与政治意识觉醒的志向，并大力提倡与教师之外的劳动者之间的合作。这种教师文化形成的背景主要是对依附于官僚制度下教师民主主义意识磨灭的危机感以及在经济高速增长期日本教师社会经济地位相对低下而导致的名副其实的无产阶级化的自我意识造成的。而这种自我意识，在另一方面又衍生了“工薪族教师”这样的揶揄和自嘲。

“作为技术熟练者的教师”是以教师教育科学化与教师研修制度化为基础而得到普及的教师形象。这种教师形象及教师文化是伴随 20 世纪 60 年代以后教学研究与教师在职研修的发展而逐渐得到普及的。日本 1958 年《学习指导要领》被赋予了法定约束力，1960 年前后文部省与地方教育中心开始实施传递式讲习在职教育研修讲座，1964 年研究指定校制度开始实施。而后，日本全国开设了 200 个以上的地方教育中心，研究指定校制度也从都、道、府、县为单位扩大到了市、町、村为单位，20 世纪 80 年代以后在职继续教育硕士课程与研究生院也陆续设立。上述在职教育的制度化与教学研究的普及促进了作为“有能力的教师”的“技术熟练者”教师文化的形成。

综上所述，可以说现今的教师文化，是以“作为公仆的教师”的规范与意识作为官僚性行政制度文化的基底，同时在教师专业化方面又以“作为技术熟练者的教师”的规范作为另一种支配性文化而在教育一线不断渗透。

为了对抗这两种教师文化，“作为反思性实践家的教师”的文化得以形成并传承。这种教师形象在将教师工作界定为高度专业化职业这一点上与“作为技术熟练者的教师”相同，但它的出发点不是为了寻求科学知识与技术，而是致力于通过教学实践情境的省察与反思，形成在课堂中发挥极大作用的实践性见解与学识。另外，这种教师形象与“作为公仆的教师”一样，认为公共性使命是教师工作的基础，但其与官僚性的教育行政相对抗，主张教师的民主自律性，积极构建学生、家长、同事及其他专家间的合作关系，期待借此解决仅用科学性技术所无法解决的复杂教育难题。

作为“反思性实践家”的教师形象与教师文化，在20世纪80年代国际上的教师研究中得以明确，但需要特别留意的是，日本在战前就已形成教师文化，并一直保持着非正式的教师文化传统。各校定期举行的以观摩课堂、反思、研究为主的校内研修、通过各种沙龙形式实现的教师自主研修、教师亲自执笔的大量实践记录的公开刊行与交流等，这些非正式的专业文化传统虽然在近几年出现了存续危机，但是它已成为培育“反思性实践家”教师文化强有力的基础。

（二）教师专业性文化的构建

下面就论述一下可促进“反思性实践家”教师文化发展的三个课题。第一个是克服教师“无能化（deskilled)”的课题，第二个是在教师群体中构建“同僚性”的课题，第三个是维护教师“公共性使命”的课题。

第一，教师的“无能化”在渗透“作为技术熟练者的教师”文化的国家中已成为严重问题。讽刺的是，提高课堂效率的科学技术与理论的渗透，导致教师作为手工艺人的技法（craft)、实践性见识、文化性学问性的感受力“无能化”。阿普尔指出，作为教育技术保留曲目的“耐教师性（teacher proof，对什么样的教师都有效的)”教材，在学校现场越普及，越容易使教育内容变成像快餐一样简单的内容，也越容易使授课技术变成“菜单”，从而使教师变得“无能化”（Apple，1986）。

为了对抗这种“无能化”现象，只有与同事合作共同推进教室中生成的、“即时”的、一次性经验的一个又一个“偶发事件”的教育实践探究。以反思性实践家为目标的老师们，通过在个别具体的实践中用实践语录互相记录并交流偶发性情境的方法来抵抗“无能化”的渗透。

第二，在学校中构建共同创造课堂、作为专家共同成长的教师同事间的连带关系（“同僚性”）。将这个课题用“同僚性”这个概念描述是由加利福尼亚大学的朱迪丝·利特尔（J. W. Little）提出的。利特尔在以大量的学校为调查对象，以甄别决定“成功的学校”与“不成功的学校”相关要素间关系的调查中发现，以创造教育实践为中心的、专家间的连带关系作为决定学校教育成功的最大决定性因素，发挥着重要作用（Little，1982）。

教师的文化是个人主义还是集团主义，这是关乎“同僚性”基础的一个重要问题。就像洛蒂所指出的教室如“蛋壳构造”一样，一直以来人们认为教师文化中个人主义倾向是一个很大问题。但另一方面，教师文化中带有强烈的集团主义色彩也是不争的事实。无论去哪所学校都会发现教师按脾气秉性、所教学科、所属工会团体而形成内部小团体，这一现象反映了教师集团主义色彩的文化倾向。

但也有研究者指出，这两者其实是一种共犯结构。教育社会学家哈格里夫斯（A. Hargreaves）的研究表明，教师在学校组织的经营和利害关系的调整上表现出的集团主义行动倾向加剧了学校组织中以学科和同事关系为单位无法团结统一的“巴尔干半岛”现象。另一方面，作为专业人士的职业意识加剧了其个人主义倾向，造成了日益严重的“孤立化”状况（Hargreaves，1994）。

教育实践的创造，也就是说，在学校内部具体展开集体性建构的实践，作为推动课程与教学创造校内研修的核心内容的教师间的连带关系的实践，是构筑“同僚性”的一大难题。只有完成这一课题，才能为教师自律性及专业性的树立奠定坚实基础。

第三，铭记“公共性使命”的课题也非常重要。选择教师作为终身职业的理由无论是因为喜欢小孩，还是被相关学科的知识学问与文化魅力，或是被较高社会地位和稳定收入所吸引，从根本上说，教师这一职业与医疗和福利等相关工作一样，是以为人类幸福及社会改善做贡献的“公共性使命”为基础的，并能感受到这一工作的意义和价值的职业。如果以寻求精神报酬为择业理由的话，教师这一职业是一个可以感受到至高幸福感的职业。

但是，近年来随着教育意识的私人化、教育的公共性濒临危机的情况加剧，无论是一般人还是教师都很难自觉意识到支撑教师职业中轴的“公共性使命”。教师工作曾经是在为国家和社会的未来做准备这一明确指标的支撑下展开的，但是，现代教师的工作现实是在丧失了“公共性使命”的状况下忙于应付各种繁杂的工作。

这种情况一方面导致教师的工作变成“烦琐的杂务”，另一方面也造成了教师专业性空洞化现象。其中最为典型的是教师工作的繁忙化和教师的“燃尽现象”。具有讽刺意味的是丧失了“公共性使命”的教师们越是忙于作为公仆的繁杂的工作，就越陷入丧失保障其工作意义和价值的专业性危机。

但是，这并不意味着教师“公共性使命”自身的消失。不如说，人们已意识到各种教育危机现象的问题严重性。或者说，在现今社会与文化混乱与迷失的状况下，教育的“公共性使命”已成了比以往任何时代都迫切需要解决的问题。这种迫切的需要与其自身的重要性都要求对“公共性使命”进行重新定义。以共生和环保为主题的教育研究与教育实践作为对这一课题的挑战，将会被大家接受（Bowers，1993）。

三、教师的实践性见识

（一）实践性知识的特征

随着对教师文化与教师教育关注度的高涨，20 世纪 80 年代以来，教师的“实践性知识”相关研究在大量学者的推动下得以飞速发展。

很多有过课堂观察经验的人，都熟知教师在教室中生成与各学科专家、教育学者及教育心理学学者都不同的知识并对其加以应用这一特征。从理论上说，施瓦布“实践的样式”等研究中也提及这一点。而对教师的“实践性知识”进行实证性调查分析，20 世纪 80 年代以后变得活跃起来。为这一系列研究打下坚实基础的是加拿大教育研究者埃尔巴兹（F. Elbaz，现为以色列籍）。

埃尔巴兹通过对语文教师的课堂进行持续观摩，采取对任课教师访谈记录及教师个人记录进行分析的方法，研究了教室中教师所运用的“实践性知识”的内容、构造及其生成基础（Elbaz，1983）。从课堂的内部视角来观察是其主要研究目的。这个活用“自传方法”的研究为后来对教师进行追踪的教师“生涯研究”（Goodson，1992）及教师自身采用“实践语录”形式记录教学实践的“实践语录”研究（Connelly and Clandinin，1990）指明了方向，并促进了以体现教师主观经验世界丰富的事例为基础，对教师专业性文化和教师职业特性形成进行探究分析的“教师知识（teachers’ knowledge）”研究的发展。

进一步拓展了“实践性知识”研究的克兰迪宁（D. J. Clandinin）将教师的专业性知识定义为“个人的实践性知识”，指出这个知识与教师自身的“自我概念”密切结合的特征，强调需在具体情境中探索与教师的个人活动密切结合的认知发展。

“个人的实践性知识”中的“知识”指的是教师在长期的经验积累中生成的在个人活动中所表现出的信念、信心、有意识或下意识的活动等。“个人的实践性知识”是以从教学计划到教学评价所有课堂实践活动为基础的，汇总了构成个人这一存在所有经历与经验的知识。这个知识来自职业或个人的经验积累，需结合其个人经验的历史来加以理解（Clandinin，1986）。

概括积累至今的研究会发现教师的“实践性知识”具有以下五个特征。

第一，由于教师的“实践性知识”是依存于有限语脉的经验性知识，所以与“理论性知识”相比，欠缺严密性与普适性，但其是一种具体而生动兼具功能性、灵活性的知识。这种“实践性知识”是通过“反思性思考”对已知事项不断进行再发现、再解释进而获得的“熟虑性知识（deliberative knowledge）”。

第二，教师的“实践性知识”是基于特定的课堂情境（context specific）、特定的教材内容（content specific）、特定的儿童认知（cognition specific）的“案例知识（case knowledge）”，经过长期积累及传承而形成。因此，“案例研究”（临床性研究）可有效地促进“实践性知识”的形成。

第三，教师的“实践性知识”是不能还原为特定学问的综合性知识，是以解决实践性问题为主要目标，通过整合多个不同领域的知识，直面教师工作中因复杂而多样的状况而带来“不确定性”问题的“综合性知识（integrated knowledge）”。

第四，教师的“实践性知识”不仅是显性的知识，还作为潜在性知识在课堂中发挥积极作用。下意识的思考、缄默知识及信念对教师在教学过程中的教学行为及意识起到非常重要的作用，

“实践性知识”具有通过直觉反应、即兴发挥表现的“缄默知识”的特征。

第五，教师的“实践性知识”是具有个性化特征的“个人化知识（personal knowledge）”，是以个人经验为基础的。因此，为提高教师的“实践性知识”，仅进行相互间的知识交流是不够的，必须保障个人实践经验交流与共享的机会。

（二）教师的知识与教育学推论

斯坦福大学的舒尔曼致力于教师的知识研究及推动教师专业化发展，他提出了将“基于课堂构想的教材知识（pedagogical content knowledge）”设定为教师专业化发展中心内容的理论，为教师教育改革提供了理论基础。舒尔曼是在芝加哥大学施瓦布的指导下研究“发现性学习”理论的研究者，也是一名拥有通过以临床研究为基础的综合课程在密歇根州立大学推动医学教育改革经验的教育学者。

舒尔曼提出的“基于课堂构想的教材知识”是在向学生传授教材内容时转变为学生认知的过程中所有能够用到的教师的知识，指的是根据不同的学生能力及背景将自身所拥有的教育内容的知识（content knowledge）转变为强有力的教育学的适当形式的能力。教师为有效地展开教学活动，单纯拥有数学和历史知识是不够的，必须认识到这个知识的现实意义及与其他知识间的联系，还需认识到这一知识的生成过程及可达到这一知识的多种方法，更需要认识到学生掌握这个知识的多样方法及可以在课堂中灵活组织对这一知识进行学习的教学方法。舒尔曼将上述这种复杂的教师的知性能力称为“基于课堂构想的教材知识（PCK）”（Shulman，1986）。

舒尔曼进一步将作为专家的教师所必需的知识领域划分为与学科内容相关的四个领域及与教师专业教养相关的三个领域。学科内容相关的知识被划分为“教育内容知识”（相关学科的学问）、“一般教育学知识”（教材的组织与学级经营的知识）、“课程知识”（教材与单元）、“基于课堂构想的教材知识（PCK）”四个领域，教师的专业教养分为“关于学习者及其特征的知识”、“关于教育背景的知识”、“关于教育的目的、价值的哲学和历史知识”三个领域。

舒尔曼指出，这些领域的知识是教师在日常教育实践的创造与反思过程中生成获得的知识。他将这个知识生成过程称为“教育学推论与活动（pedagogical reasoning and action）”。图 8-2 所展现的正是这个知识生成过程的构图。如图所示，具体实现教师专业性发展的教师知识的生成、将教学内容转换为学生认知的转换过程、创造课堂与对其的反思，是教育实践过程中互为基础的循环过程（Shulman，1987）。

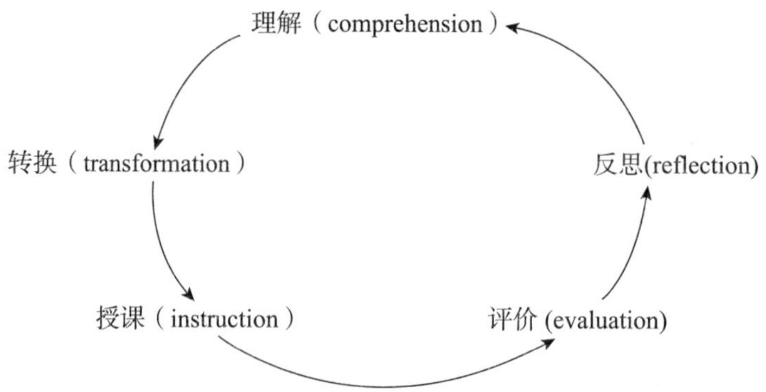

图 8-2　舒尔曼的教育学推论与活动模型

（三）案例研究与实践样式

教师的实践性知识相关研究的发展在促进了教师的个人生涯记录（life history）研究发展的同时也加深了人们对教师教育中实施课例研究重要性的理解，更提升了对于教师间互相表达、交流实践经验的“叙事性方式（narrative）”的关注。

“案例研究”原本是为律师和医生等专业教育而研发出的方法。律师的判例研究与医生的临床研究可以说是专业性教育案例研究的典型，如果将教师教育作为专业性教育重新构建的话，同样也应将案例研究设定为教师教育课程的中心（Shulman，1992）。

但是与拥有相对稳定“知识基础”的律师和医生的养成教育不同，在包含复杂而多元的内容、以实践为基础的、科学理论与技术还尚不成熟的教师教育领域中，灵活应用“案例研究”的确不是一件容易的事情。

专业性教育中的“案例分析”法具体表现为两种模式。一种是通过对“案例”的探讨进而掌握案例背后的判断方法与技术原理的方法。另一种是通过探讨“案例”进而掌握作为专家处理问题的思考方式的方法。前者是通过具体“案例”传授构成“知识基础”的专业性知识主要概念的方法，后者是通过“案例”研究掌握像独当一面的专家一样的思考方式的方法。“像律师一样思考（think like lawyers）”这一口号简单明了地阐明了后者的模式。

在教师教育领域也可以按照这两种模式对“课例研究”进行定位。这两种模式分别为，通过具体“课例”来理解教育学、教育心理学等主要概念及原理的“课例研究”和掌握作为专家的教师解决实践问题的思考方式（think like teachers）的“课例研究”。

在养成教育阶段，前者的“案例研究”有效，而在在职研修阶段，活用后者的“案例研究”方法就尤为重要。这主要是因为除了“知识基础”还未完全确定外，教师这一职业还带有强烈的“反思性实践家”职业特征。在我和同事一同做的调查研究中，通过对有创造性的、有经验的教师与新上任教师课堂录像记录比较后发现，有创造性的、有经验的教师具有特殊的“实践性思考方式”。其主要特征为：即兴化思考、情境化思考、多元性思考、背景化思考、框架的再构建（反思、省察）（佐藤、岩川、秋田，1991）。作为专家的教师在实践过程中逐步形成“反思性思考”这一“实践性思考模式”并发挥作用，活用“案例研究”可有效获得这种“实践性思考模式”。

另一方面，互相描述、共享教师的“实践性知识”的“叙事性方式”的相关研究也得到飞速发展，并在1990年前后达到顶峰。就像前述内容所提到的一样，“理论性知识”追求不被环境和语境所左右的普遍性客观认识，主要通过概括为单义性命题的“命题（范式）样式”来表现，而与此相对，“实践性知识”尊重主观性，在具体的情境中，追求对多种意义的阐明，主要通过细腻的“叙事性样式”来表现。

回顾日本授业研究（教学研究）的历史会发现，到科学化“授业研究”得到普及的20世纪60年代为止，教师的教学笔记都是用“叙事性样式”方式来记述的。这些课堂教学记录中，教师作为第一人称，而学生用自己原名登场，多是为探求教室里所发生的偶发“事件”所具有的多重、多元的意义而展开记述的。可是科学化“授业研究”的普及与发展导致了这种“实践语录记述方式”传统的衰退，用“T（教师）”、“S（学生）”符号来进行“客观”的课堂记录的方式不断得以推广。这种变化导致教师第一人称及主体性的缺失，抹杀了教室中作为固有名存在的学生，并掩盖了教学过程故事性发展的背景。

基于“叙事性样式”的教育实践记述方法，批判了以“技术合理性（technical rationality）”原理为基础，以效率性及生产性为首要目的的教育，为将教师从既定意识及观念束缚中解放出来提供了契机。

强调“叙事性”重要性的伊诺里奇大学的威廉姆·艾尔斯（W. Ayers）指出，“教育研究论文中欠缺危机的经验、内部的视角”。他指出，教室中的教师与学生是如何理解他们自己所处的状况、如何构建具有意义的教与学的经验、如何赌上个人尊严进行教和学等课题，都需要在教师或学生与自身的危机进行搏斗的经验中来理解，这些课题也要求采用可以表现教师与学生真实的“声音”和困惑的“实践语录的模式（叙事性方式）”（Ayers，1990）。

而且，“叙事性方式”将教师的教学经验作为二次经验来记述，还发挥着促进教师自身对教育的认识与信念的形成，促进对教育实践进行积极反思和批评的作用。“叙事性方式”中所展现的教师的“实践性知识”体现了一名又一名教师所形成的已成为其自身文化一部分的教学技法和作为文化性共同体所共同保有的教学艺术。从这个意义上来说，我们也可以把在教师的语录中所表现出来的“实践性知识”称为“民间教育学（folk pedagogy）”（Bruner，1996）。“叙事性方式”是通过教室中的文化传承与再创造的文化性、社会性实践对教师的个人成长史、文化背景、教育信念，学校、教室、地域的社会背景，学生的成长、文化背景及个性等所有事实进行记述表现的方式。正是通过这种记述形成的被传承下来的教育智慧与见识为教师的专业性发展奠定了坚实的基础。

四、教师教育的难题

（一）终身教育

教师教育现在作为终身学习的一环而被讨论。过去曾将大学的教师养成教育看作“完成教育”，认为踏上讲台的新任教师即已可以胜任教学工作。但是现今已转变为将大学的养成教育看作终身学习的“预备教育”，并开始了对贯穿养成教育与在职教育的教师教育制度的探索。

最开始提出教师教育的改革是终身学习一环的是英国的《詹姆士报告》（1972 年）。《詹姆士报告》提出将教师教育分为“个人教育（personal education）”、“预备教育（preservice education）”、“导入教育（induction education）”、“在职教育（inservice education）”的构想，并提出根据与在职教育的关系来定位大学的养成教育的构想。

最初的“个人教育”指的是在大学用两年（或四年）时间进行一般教养教育与专业教养教育的阶段。广泛的一般教养与专业教养是教师的基础前提，也是“个人教育”阶段的主要任务。之后的“预备教育”指的是大学后两年 [或者大学第五年次的 PGCE（post-graduate certificate of education）课程或研究生课程] 所开展的专家教育课程。在“预备教育”阶段进行教师教养教育与教育实习。而后的“导入教育”指的是完成教师课程，取得教师资格证的见习教师在学校开展为期一年的实习及学习阶段。最后的“在职教育”指的是终身持续进行学习的阶段。《詹姆士报告》中还提出了每十年可在研究生院等机构展开为期一年的集中研修制度的构想。

《詹姆士报告》虽然因之后政局变化只实现了一小部分内容，但是其以一般教养教育为前提构建专业教育的项目、见习教师与新任教师研修的“导入教育”制度及非常重要的以在职教育为中心重新构建教师教育蓝图都是具有划时代意义的构想，为以后教师教育改革与教师研究的发展做出了重大贡献。在20世纪80年代中叶以后国际上踊跃出现的教师专业化运动及以教师的自传性研究为中心的教师文化研究的开展中都能看到其影响。

（二）教师专业化动向

教师专业化是20世纪80年代以后教育改革的核心课题之一。世界各国都在推进多样的改革，其中美国的教师教育改革以其庞大的改革规模及崭新的改革构想受到瞩目。

美国的改革可以分为以《危机中的国家》（1983年）为起点的从上至下的“第一波改革”和以《准备充分的国家》（卡内基财团，1986年）为起点的由基层开始组织发起的“第二波改革”。“第一波改革”追求教育的“卓越性”，对教师采取职能测试、根据学生的学力支付工资的绩效工资（merit pay）制度、根据工作能力晋升的职业发展阶梯（career ladder）制度等通过官僚性的教育行政进行改革。与此相对，“第二波改革”追求教师的专业化、积极推动以教师自律性为基础的从学校内部来开展的草根改革。而《准备充分的国家》的副标题也正是“21世纪的教师”。

《准备充分的国家》的核心是在教师领域树立与医生和律师同样的专业性。报告在提倡大幅度改善教师待遇的同时，还提出将教师的养成教育从大学本科课程阶段提到研究生课程阶段、设立向在职教师提供作为教育专家资格证明的“全美教师专业基准委员会”。

设立“全美教师专业基准委员会”是改革的中心课题。这个委员会是由从教育行政部门出来的自律的专家们所组成的资格认证机构。与教育行政机关颁发教师资格证（license）不同，该委员会是以课堂观摩、论文和工作业绩等多元评价为基础来进行教师专家认证并颁发证书（certificate）的机构。《准备充分的国家》的改革构想就是希望以获得认证的教师集团为中心树立学校的自律性，力求打破教育行政的官僚管理和学校内部的僵硬化。“全美教师专业基准委员会”以斯坦福大学的舒尔曼为中心，1993 年设立后每年都向近 7 万名教师颁发认证书。

另一方面，以全美约 100 名主要大学的校长组成的霍姆斯小组所提出的《明日的教师》（1986 年）为中心，美国的教师教育改革不断推进。《明日的教师》提出教师专业教育的前提是大学 4 年的教养教育，在研究生课程阶段实施养成教育，将四分之一的教师认证为“指导教师”，明确对教育实习生和新任教师的指导责任，确立学校集团性运营的自律性等提法与同一年出版的《准备充分的国家》有许多相同之处。

以大学与学校的合作关系为基础推动养成教育与在职教育是霍姆斯小组的主要特征。提出在研究生课程的养成教育阶段主要开设到教育一线实习 1 到 2 年的“临床经验（clinical experience)”课程，以这个“临床经验”为基础来实现教师教养的教育。与一直以来的“教育实习”不同，“临床经验”被定位为将教育理论与实践相结合的课程。

霍姆斯小组的大学与学校的合作关系伴随第二份报告《明日的学校》（1991 年）中明确提出的“教师专业开发学校（professional development school)”的设立得到不断推动发展。“教师专业开发学校”是以“研修医院（teaching hospital）”为蓝本，与大学合作共同推进教师教育、在职教育与学校改革的公立试点校，被构想为儿童、教师、家长与教育行政机关的领导者都可以共同学习成长的“学习共同体”。“教师专业开发学校”在《明日的教师》刊行后的10年间在全美建了约300所，通过教育研究者与教师的合作推动了教师教育改革与学校改革。

（三）今后的难题

在日本，教师教育改革也是教育改革的一个主要难题。1989年文部省根据教员养成审议会的申请，对《教师资格证法》进行了大篇幅的修订，除了新设以研究生课程结业生为对象的“专修资格”外，还新设了参加工作一年教师都有义务参加一定的研修的“新任教师研修制度”。随着这一次修订，文部省与各都、道、府、县的教育委员会开始推进在职教育的体系化。

但是，也有研究者指出，这些改革最终将停留在文部省和教育委员会等行政主导的改革阶段，这种从上至下的专业化具有加强对教师的官僚性管理、威胁教师自律性的危险。另外，在近几年中小学生人数减少的大背景下，新任教师的招收人数锐减，无论哪所学校都出现教师高龄化、改革活力衰退的现象，大学的教师养成教育出现危机。在这种情况下，我们需要就以下几点进行探讨。

第一，需要对“教师的专业性”进行再定义。现今复杂化、多元化的社会要求教师具有广泛的学识教养与高度的专业性见识。回想现今学校危机现象的复杂性与严重性就会明白这一要求的必要性。学科内容、教育学原理、教育心理学为中心构建的作为“技术熟练者”的“教师的专业性”需要重新定位为“反思性实践家”。

第二，需要积极开展日常生活中可促进教师成长的活动，特别是以学校为单位、以课例研究为主的研究活动和教师间的自由开展的互相学习的研究会等。过去30年间，日本的教师在职教育通过教育中心开展培训课程、在综合性大学创建研究生课程等方法主要着力于扩大学校及教室以外的功能。但是，就像大量的调查分析所表明的一样，教师成长契机首先是对自己在教室中的教学进行反思和自我批评，其次是学校内的研究活动，然后是教师间自由开展的相互学习的小范围教学实践的交流活动。教师的成长是以教室为中心而形成的同心圆结构，所以我们必须要探讨活化教师成长这一中心的举措。

第三，需要从根本上对教师养成教育进行改革。日本的大学本科阶段的教师养成教育制度确立至今只有半个多世纪，除此以外，与其他国家相比日本教育实习时间极其短暂，这些都说明了现实中日本现有的教师养成教育离专业的教师教育还有很大距离。现今有许多大学在本科一、二年级展开教师相关专业科目，今后需要在大学本科毕业后的第五学年开始设置教师课程和在研究生课程阶段开展教师养成教育等，从根本上对教师养成教育课程进行改革。

第四，必须在制度上保障多样的在职研修机会。需要提供《詹姆士报告》中也曾提及的教师终身成长的条件，即确立每十年开展一次为期一年的脱产研修制度及可以一边在学校工作一边读夜间或者网上授课的研究生课程的研修制度。通过上述举措在学校确立教师的专业性与自律性是今后日本教育改革的一个重要课题。

第九章

计算机与教育

一、信息社会的教育

（一）第三次文化革命

现在正在进行着继文字和印刷术发明后由计算机出现而引发的第三次文化革命——信息技术革命与认知革命。在由电脑空间所重新建构的未来社会将出现“地球村”（McLuhan，1962），“口承文化将再次兴起”（Ong，1982）的前瞻性研究指出了这场文化革命将带来本质的影响。

这场文化革命的特征表现在很多方面。

第一，这是一场信息革命。信息是一个剥夺了经验、人称关系及生成背景的概念，是表现知识意义的符号。由电脑空间所构成的社会是一个将信息当作资本那样存储的社会，是使信息像货币一样流通、发挥作用的社会，是建立在信息流通基础上的社会。可以说在虚拟的电脑空间中建构了另一个社会。

第二，伴随“模拟数据”向“数位数据”的过渡，信息的单位从“原子论式的单位”转变为“电子运动的二进位制”单位（Negroponte，1995）。与“模拟数据”时代的在书籍、报纸、广播、电视等特定媒介的内部像“原子”一样结构化的信息相比，通过“0”和“1”的符号组合而置换的“数位”的“电子运动的二进位制”信息已经不再需要受到其他物质性媒介的制约和束缚。信息像“电子”一样在媒介（原子）与媒介（原子）间自由穿越，用与光速相匹敌的速度在跨国界不同场所间穿梭往来。

第三，电脑空间所带来的“社会”不仅使生活方式发生了改变，同时使人的感性及思维也发生了巨大变化。二进位“数位”信号所置换的信息空间，记号式的逻辑思维优于模糊的感性经验的想法蔓延，以超文本为代表的非线性联想思考空间打破了每一个单一文本的独特性，使所有文本纵横联结，形成了超文脉的思考态度。此外，在多媒体构建的“假想世界”中衍生了假想世界的“真实”感受及多重感受性认知及表现的新感性。这些变化使人的自我意识与现实感觉渐渐发生置换，在实现了可以在虚拟空间不受任何约束自由膨胀感觉世界的同时，也造成了基于认知、经验和表现的声音、身体和场所的丧失。

第四，电脑空间中的信息具有均质性这一特征。通过计算机网络所交换的信息，无论什么信息都具有同等价值（flat importance）。这种信息价值的均质性给互联网双向交流赋予了现实意义，并为所有人作为“收信者”同时又成为“发信者”的“后产业主义社会的民主主义”（Bell，1973）提供了现实意义上的佐证。但是，另一方面，信息的均质性也造成了地球上无数数据包用于收集存储垃圾信息、蜘蛛网般的互联网被没有终点的聊天所淹没的结果。

第五，这场信息技术革命是因庞大的资本支持而得以推进的。不仅仅是计算机的硬件和软件成为商品，在由计算机所构成的社会中形成了信息、知识、作品、服务和通信都成为商品的庞大市场。这个市场不断编织欲望和幻想，对计算机功能的过度宣传与技术神化是信息社会的一大特征。

（二）计算机在教育领域的应用

信息社会的出现与计算机的普及为教育的发展带来了许多需要进一步探讨的课题。以计算机和教育为主题的课题，主要在与计算机所构成的信息社会特质相关的教育（信息社会的教育），计算机系统的引进、维持及评价（管理与运营），计算机语言和技术的教育（计算机知识的教育）及活用计算机的教与学（计算机的应用）这四个问题领域内被不断探讨。在此仅就第四个课题，在学校教育中如何开展计算机辅助教学进行简单介绍。这个领域一般被称为“CAI（computer assisted instruction）”、“CBE（computer based education）”、“CAL（computer assisted learning）”、“IAC（instructional application of computer）”，主要是通过对计算机的积极利用而不断推进教与学的革新。在此之前，电影、广播、电视、教学仪器和摄像机等各种各样的工学装置都促进了教育方法的革新。综合了上述所有功能的新型工学装置计算机，是既孕育可能性又包含危险性的工具。

在20世纪70年代到80年代，教育领域对计算机的利用是按下列五个方式展开的。第一个是将计算机作为学习助教称为“tutorial”的计算机辅助教学方式，第二个是继承了教学仪器传统“程序学习”的练习方式，第三个是模拟虚拟思考过程的“simulation”方式，第四个是角色扮演等“游戏”的方式，第五个是展开学习评价的“模拟考试”方式。人工智能研究、编程语言研究、计算机图形学研究及界面研究促成了上述应用方式的形成与发展。

从20世纪80年代中后期开始，伴随个人计算机普及化、超文本开发、计算机网络空间扩大及多媒体环境开发的逐步发展，计算机辅助教学迎来了新阶段。出现了通过对多媒体所构筑“虚拟世界”的“模拟（基于模拟的模拟）”学习（Baudrillard，1983）和通过互联网双向交流而形成的学习网络。下面将按照计算机教育的发展阶段，简单概括一下计算机辅助教学的方式与课题。

二、多媒体与教育

（一）CAI的普及

在将计算机引进教育领域的初期阶段，最普遍的是 CAI 方式。这个方式起源于 IBM 公司接受美国联邦财政预算补助在 20 世纪 60 年代后所开发的一系列教学程序。其中两个项目最具代表性。一个是 PLATO 项目，另一个是 TICCIT 项目。这两者都是 20 世纪 70 年代设计、开发的，PLATO 由 IBM 的开发部门与伊利诺伊大学共同开发，主要通过统合教科书与图表的教学程序来实现以计算机为基础的教学，而 TICCT 则开发了使以计算机为基础的课堂教学与个人的家庭计算机相联结的教育程序。

重要的是作为语言与数学学习程序而被开发出来的这两个程序，都继承了原有教学仪器“程序学习”理论。活用“操作刺激”（练习—刺激—强化）这种“程序学习”机械的“训练练习”方式是 CAI 计算机辅助教学最根本的理念。

CAI 普及的同时，认知科学领域科学家所主导的“人工智能”领域研究也在不断发展，其间开发了通过计算机自身做合理逻辑性模拟来提高问题解决精确度的专家系统。这个专家系统使人工智能获得了可以模拟国际象棋名手、物理学家、数学家等各领域专家解决问题的功能。通过将 CAI 与专家系统相融合，世界上第一个地理教育程序 SCHOLAR 被开发出来，在此之后，CAI 搭载各种各样的专家系统，从需要掌握高超技术的医学教育到驾驶技术等多种多样的教育模拟程序被开发出来。

（二）LOGO的教育

与承袭程序学习的理念开发教学程序的CAI相比，将计算机语言作为学习者思考与表现的工具这一来自完全不同视角的设想开拓了计算机教育的可能性。其初期的代表应数由西摩尔·派普特（S. Papert）设计的LOGO数学教育程序（Papert，1980）。LOGO程序使通过操作简单的计算机语言在显示器上实际动手解决数学及几何学问题的学习变为可能。与立足于行为主义学习论的CAI相比，LOGO是以皮亚杰为首的建构主义学习论为基础进而编制构成的计算机程序。作为创造性思维和表现的工具这一活用计算机的理念，而后由既是计算机学者又是音乐家、世界上第一个使用“个人计算机”这一用语的艾伦·凯不断完善，最终成为与CAI相对抗的另外一个计算机教育谱系。

近年，计算机教育已超越了传统CAI个人指导系统，其形态朝着更加丰富多彩的方向推进。主要表现为积极运用综合编辑文字信息、影像信息、声源信息，展开对话性交流的多媒体，并通过将计算机通信与互联网相结合，形成了新的学习网络。可以预见，这些变化定将为今后的教育关系与教育空间带来革命性变化。

（三）计算机教育的危险性

在另一方面，很多研究指出，计算机教育有以下危险：剥夺与人和物实际接触的直接经验，使学习陷入形式化；通过“模拟”而体验的学习，反复肢解学习意义；计算机网络的虚拟空间加剧个人主义学习，使教室与学校的公共性被解体。更有研究指出，计算机教育对生态危机及信息技术等问题是以特定意识形态为前提，存在为虚拟出合理的个人而对道德上、精神上的危机无防备的倾向（Bowers，1993）。计算机所构建的信息社会绝不是万事都美好的。

当然，也需要纠正一些对计算机教育的偏见。通常容易将计算机教育看作机械的操作行为，从而陷入认为作为计算机属性的虚构性只具有负面价值的误区。这些广为流传的关于计算机教育机械性的想法的确在CAI等计算机辅助教学程序中得到实际验证，“假想世界”的虚构性也的确具有将学习这一行为幽禁于幻觉与幻想世界的危险。

但是，机械操作也好，虚拟学习也好，确切来说，计算机只是诱发了这些现象，而并非计算机本身直接导致了这些现象。因为计算机不过是工具而已，主要操作人还是教师与学生。计算机教育之所以是机械的、脱离现实的，其根本原因在于教师与学生是在教室中机械地生存，仅仅把虚幻世界当成了教与学的基础。计算机加剧了教室的死气沉沉，扩大、加深了学习的机械性与虚幻性（佐伯胖 等，1993）。

三、计算机的活用

（一）CAI与CAL

计算机是一种工具。计算机既是一种与铅笔、笔记本、教材、黑板一样的文具与教具，又是与一直以来的文具与教具不同的具有多种功能的工具。计算机是一种可以深入到使用者思考过程内部、给教育的背景和关系带来变化的工具，是对使用者的教育观和学习观有决定意义的工具。

对于计算机的应用，一直是按照两种不同的方向发展而来。一种是作为教学工具的CAI方式，一种是作为支援学习的工具发展而来的CAL方式。可以说，这两种方式按部就班地对应两种不同的教育模式。计算机是对原有教育模式的再生产，因此在使用计算机时我们需要问的问题不是“计算机能做什么”，而应该是“到底需要借助计算机追求什么样的教育模式”。

事实上，虽然教育软件的开发是以CAI为中心发展而来，但是可以说其中的多数都是对一问一答解惑式背诵为主学习的再生产。英语教育软件不过是检测单词拼写软件的增强版，算术教育的软件不过等同于计算器的一种，这些在初期学习软件中可以频繁看到。在导入了专家系统的近期CAI软件中也可以发现这种对传统模式的教与学再生产的倾向。无论在软件中编入多少数学家们真正的思考过程，这些思考过程并没有完全被学生掌握。

另一方面，许多作为支援学习活动工具（CAL）的教育软件也被设计出来。与将计算机当作老师（助教）的CAI相比，CAL注重开发及利用计算机构建学习环境。作为学习环境的计算机是指，例如，将计算机与图书馆、美术馆、博物馆及大学等其他数据库相连，作为学习资源加以利用，或者将计算机当作多元化表现创意、实现模拟思考实验的工具加以利用。

在CAL中，起决定性作用的依然是教师与学生对计算机的活用方法。CAL学习环境保障了每一名学生的私人思考空间，使超越教室空间性制约自由接触信息变为可能，在发展了独立思考可能性的同时，却也剥夺了学习的合作性。

在引进了计算机的教室中，必须对交流沟通的多层次化进行正确认识。在一般的教室中，学生与教师、学生与学生之间的交流构建了教与学的过程，而在引进了计算机的教室中，交流沟通变为复式构造，学生与计算机、学生与学生、教师与计算机、教师与学生的关系构成了教与学的过程。因此，引进计算机的教室中教师的角色，常易变得模糊，必须重新明确并认识到在多元化复杂的交流沟通中教师角色的决定性作用。

教育软件的开发本身存在一些难以解决的问题。软件设计者的基本作用之一是与用户对话，但是以此原则为基础而被开发出来的软件实际上非常少。虽然不少教育软件设计者认为用开放式的语言编制教育软件最好，熟知拥有复杂功能的软件容易导致教与学简单化，而简洁的功能构成的软件可以使教与学多样化、变得丰富的设计者也很多，但是，现实中可以利用开放式软件、具备灵活应对性的教师很少。另外，还存在网罗了复杂功能的软件更利于商业运作的问题，等等。对计算机教育的灵活应用正是作为克服这些课题的实践而展开的。

（二）思考与表现的工具

计算机首先是被作为思考和表现的工具来使用的。作为思考和表现工具的计算机原型是在 20 世纪 60 年代由麻省理工学院媒体实验室的研究者派普特开发设计的，在 20 世纪 80 年代推广到全美国教室中的 LOGO 程序。派普特的设计理念与以 CAI 程序和 BASIC 语言为根本的计算机教育完全不同，是基于“对思考的思考（后设认知）”，换而言之就是在显示屏上表现自己的思考，然后对这一思考过程进行探索。他设计了不是由计算机思考教学，而是可以反映和验证学生思考内在过程的计算机程序。LOGO 程序虽然可以用简单的计算机语言绘制几何图形、进行语言排列的简单设计，但它真正的本领是儿童向计算机做出指示时，即时反映他的思考过程，并可以自行修正思考错误。派普特的设计思想在于通过计算机这一技术装置表现“教育哲学”，他自己为了这个项目的开发而到日内瓦大学学习的皮亚杰认识论是其主要基础。

将计算机作为思考和表现的工具加以活用的思想被之后开发设计的绘制几何图形软件 Geometric superSupposer 所继承。与 LOGO 一样，Geometric superSupposer 也是学生可以自由设计问题的开放式教育软件，这些程序主要是希望通过绘制图形和解决几何学的问题来实现表现和验证学生自身思考的学习。这些程序不对教与学的既定目标的完成过程进行强制性管理，而是以根据题材设计问题及对这一问题的解决过程为目的，也可以将其理解为 CAD（computer-aided design）的程序。

计算机的编辑功能也因作为思考和表现的工具备受注目。计算机的一大特长就是可以用多样的方式来表现同一个概念。比如“函数”这一概念，通过计算机，既可以用图形也可以用概念、语言、数量等多种方式来表现。通过多种方式表现某一概念，使全面、丰富地认识这一概念变为可能。

（三）超文本与模拟体验

作为思考和表现工具的计算机通过对超文本和模拟体验的灵活应用，发挥了极大作用。

超文本是 1987 年由苹果公司开发的以“HyperCard”为出发点的新型文本形式。它是一种所有文本都可在同一空间内相互联系、检索，相互参照的系统。超文本系统可以通过用鼠标点击计算机文档上的词语检索与之相关的所有文章，而且还可以将相关内容进行整合编辑出新文本。与原有作为独立存在的文本相比，超文本超越了单独文本的独存性、“互文性（inter-textuality）”，获得了可以自由联系、编辑所有文本中所有文章的“超文本性

(hyper-textuality)”。

超文本具有肢解单个词语语脉和文章文脉的功能，存在无限引用和反复复制的危险，但另一方面，也提供了可以使思考多元化、多层次化的文本空间。在超文本系统中，学习者可以用文字信息、影像信息、图表信息、音频信息、数字信息等多样的方式来表述自身的思考，也可以在一个文本中表现与多个文本间的关联。与原有一元的、单层次的方式表述线性思考的笔记和报告相比，计算机所提供的超文本使多元的、多层的、非线性思考表现变为可能。

在活用计算机教育过程中，另一个发挥极大威力的就是虚拟模拟功能。计算机提供的假想空间，让人们可以通过虚拟模仿来体验现实中无法实现的各种体验。对这个领域灵活应用的先驱是20世纪70年代纽约班克街教育学院开发的“迷你号的航海”软件。这个软件由儿童在体验航海冒险的过程中，通过角色扮演，设定了关于各种各样的科学问题的实验与解决方法的学习程序。

在计算机提供的模拟空间中可以轻松体验到通常学习过程中很难体验到的活动。比如，通过实验来学习人体的血液量与生命维持之间的关系，这在通常的学习中不可能实现，但如果是在计算机所提供的虚拟空间的话，通过虚拟实验，对血液量变化与各器官功能间关系的学习变为可能。或者在利用桥的设计模型来学习物体构造的强度时，如果在现实中做实验的话将需要大量的劳力和时间，但是活用计算机模拟功能的话，就可以在短时间内通过大量试行错误的经验来进行学习。

综上可以发现，虚拟模拟功能的灵活运用对教育软件的开发与利用而言，是一个具有非常大的魅力、包含极大可能性的领域。但是与此同时也必须指出它的危险性，即因假想现实（virtual reality）的扩大而导致直接经验的衰退及在虚拟空间学习的危险性。在探讨计算机的虚构模拟功能前，必须留意到学校教育框架下的学习本身就带有虚拟模拟这一性格特征。在学校这种制度性的制约下，基于计算机的虚构模拟，容易陷入“对模拟的模拟(simulacre)”的危险。

例如，对“信长的阴谋”和“太平洋战争”，无论通过多“真实”的虚构模拟进行体验，这种体验也无法成为“真实的”历史学习。历史是由史实构成，无法通过虚构模拟来体验。可以说软件内所设计好的假想现实的故事，是剥夺了学习者对历史的现实感觉的普通现象而已。

科学学习的虚构模拟也是一样。例如，使用计算机的虚拟功能学习“孟德尔遗传定律”时，计算机可以用非常简单的思考实验的方式模拟跨越几个世代的结果。但是计算机显示屏上所显示的并不是对现实的模拟。其模拟的是“孟德尔遗传定律”这一模型而不是现实。如果真正对现实的状况进行模拟的话，必须对显示褶皱的豆子和无褶皱的豆子间细微差异的、处于边界区的豆子进行甄别，且只能用概数来特别确定实验的结果。虚构模拟就像上述一样是对某一模型的虚构模拟而不是对现实的虚构模拟。

计算机所提供的超文本和虚构模拟的世界，两者都是双刃剑。可以说需要探讨的不应是计算机的功能，而应是学校教育的现实。只要学校的知识和认识是脱人称、脱文脉化的话，超文本就会助长这种倾向；只要学校教育中的经验是模拟的虚构的，由模拟功能提供的假想现实就只能发挥使学习虚构化、将学习从生活的现实中隔离出来的作用。计算机只有与这样的学校文化体制做斗争，在探求新内容、新学习的过程中被引进，才可能开始为新的学习做准备。

四、学习的网络

（一）学习网络的种类

今后学校将由以计算机为中心的多样媒体建构的学习网络所构成。基于计算机的学习网络将使原有以黑板、粉笔和教科书为特征的教室风景发生巨大变化。教师不再是教科书知识的传递者，而将会转型为联结教室外各种各样信息和知识载体与学生间纽带的“媒介者（mediator）”。学生们可以在教室中一边登录图书馆、博物馆和大学的研究室一边展开学习，利用计算机将通过学习所认识的事物制成作品，并与远处的学校的学生交换和交流作品。

实现这样信息流通的教育网络大致分为四种类型。第一种是将几所学校用统合大型计算机工作站的方式联结起来的“统合型”，这多是在多个学校的教室中实施大规模教育项目时作为联系网而被加以利用。第二种是在一所学校中连接各个教室和教师办公室之间的计算机网络，一般被称作“LAN（local area network）”的方式。第三种是普通“计算机通信”的方式。第四种是“互联网”的方式，这种方式使以地球为单位的电脑空间内的双向交流变为可能，同时实现了多媒体网络连接，从这个意义上来说它发挥着超越第三种方式的功能。

纽曼在对第一种“统合型”方式和第二种“LAN”的方式关于教育网络的作用进行调查的报告中指出，“统合型”为主的学校年级和学科细致的分段化加剧，并显现了学生和教师解体为小集团和个人的倾向。与此相对，以“LAN”为中心构建学习网络的学校，比一般学校更注重学科与年级的统合，学生和教师间都出现了共同体关系进一步强化的倾向（Newman，1992）。提到计算机网络，往往容易认为只有和学校外计算机间的通信才是重点，可是如上述报告中所指出的那样，不如说对学校内以“LAN”为主的设计才是重点。不要忘记在加入计算机网络之前，学校本身就是联结人与人、文化与文化的装置，教师正是“媒介体”。

（二）电脑空间的未来

最后，我将对计算机教育所应秉持的态度进行简单的阐述。计算机网络所构成的学校空间看起来好像是通过信息技术实现了教育的现代之梦。电脑空间构成的学校可以说既实现了17世纪夸美纽斯在《大教学论》中所构想的，以“泛智论”（信息的数据库）为基础的、以“印刷机”（计算机）为隐喻的学校之梦，又实现了伊万·伊利奇在《非学校化社会》中提出的作为“事物”、“伙伴”、“榜样”、“长辈”的自发性组织的“学习网络”。

但是，学习网络所构建的教育空间中也隐藏着使学校公共性和共同性解体、加剧被排斥到学习网络之外的学生的难民化进而诱发暴力的危险（Sanders，1994）。计算机教育的未来需要进一步探索包含信息社会的结构性变化及学校的公共使命。

信息社会是信息构成人与人的关系的社会。与此同时，信息社会也是学习占据社会性活动中心位置的社会。事实上，计算机在经济、政治、文化的中枢发挥作用的社会已经演变为要求所有参加者都要终身进行学习的“学校化了的社会”。而且，这个由电脑空间构成的社会也是一个不经意的信息可能会刺伤人的尊严的社会，是一个会因电子货币的乱发而引起恐慌的社会，是一个按一下按钮就可能引发核战争的社会，是一个蕴含因消费竞争导致地球崩坏危险的社会。可以说，信息社会是一个充满了未知的可能性与危险性的社会。

计算机教育需要一边批判性地探讨这种未来社会的可能性及危险性，一边探索前行。立足于这个视点，就会明白我们需要探求的不是会使用计算机的教育，而是不被计算机所“使用（牵制)”的教育，不是单纯作为信息和信息的网络中心来建构学校，而应是通过计算机网络编织人与人之间的关系、重新建构学校的公共性与共同性的教育。这种扎实实践才是不被科学技术神话所支配的学校和社会的基础。

第十章

课题与展望

教育方法的理论正迈向一个巨大转折点。回首近代教育方法成立的基础与理论框架，就会明白为何会出现这个重要转折。近代教育方法的意识形态和理论，以近代主体（儿童）的发现为基础，在为促进学生主体性学习的学校做好准备的同时，也生成了通过“教师”教学对学生学习进行科学性、合理性统制的制度和技术。在很长一段时间里，与教育方法相关的理论被建构成将师生关系、教与学关系制度化、技术化的学说并发挥作用。

但是，现在这种教师与儿童的关系及教与学的关系都发生了巨大转变。首先，学习不再只是儿童的责任和义务，也是对大人的要求，学习渐渐扩大为与整个生存活动一体化的活动。随着儿童与大人的界限和两者间的二项对立关系逐渐瓦解，教师与学生关系中“教”与“学”的二项对立关系也开始发生转变。教师面临需要将自身作为学习者重新定位的课题。

知识与教育的关系也发生了巨大变化。过去，对大部分学生来说，在学校学习是其接近知识与文化的唯一方法，没有在学校学习的经验不可能深入了解数学、历史学和艺术。但是，现今，随着信息媒体的发展，差不多所有学校所教的内容，甚至学校没教的知识和文化都能在学校以外的场所找到，学校现在无可奈何地被装入了“学校化了的社会”这个套匣中。这种情况随着信息社会的高度发展将会变得愈加明显。曾经从社会中隔绝出来的作为“教”的制度高高在上的学校，现在不得不对自身进行再定义。

将教育方法理论化、作为技术体系的基础进而推进近代学校制度化的“教授学”与“教育学”，可以说已经完成了其历史使命。但是，“教授学”与“教育学”的结束并不代表教育实践和教育功能的结束，也不意味着学校的结束；相反，在今后的社会中，教育与学习将越来越具有决定性价值。

在学习的实践构成生存的核心、文化的传承及再创造的活动进一步渗透到整个社会生活、人类与地球的未来更加依赖人的睿智与伦理、儿童的生活困难问题进一步加剧的社会中，教育所应发挥的功能及学校所应肩负起的责任与义务，更为艰巨。

问题在于，力求应对这种新诉求的教育无论在理论上还是实践上都还不成熟。今天的学校到了需要进行蜕变的时候，教师也到了需要进行教师角色转变的时候。既然这种转型需要从根本上转变，那么就需要我们从根源上认真探讨。而且，这种转型是以几个世纪的岁月积累而成的历史性构造为基础的，因此更需要稳步地推进变革。新的教育实践需要有新的教育学说支持。

今后，与教育方法相关的学说，在超越旧有的“教授学”与“教育学”框架、实现跨领域化的同时，其本身也将作为实践性探索参加到正在人文科学、社会科学等领域内开展新型知识创造活动中。这些学说将作为综合了文学、社会学、政治学、经济学、语言学、心理学、文化人类学、美学、哲学等知识见解与方法的实践性探究来推动教育学的发展，也定会创造出崭新的教育实践。以本书中所汇总的知识与见解为基础来探索这些学说及实践的创造，将是今后我们需要共同解决的课题。

参考文献

第一章　教育方法学概要

東洋編『教授と学習』（教育学叢書10）第一法規，1968年
東洋『子どもの能力と教育評価』東京大学出版会，1979年
稲垣忠彦『授業研究の歩み——1965~1995年』評論社，1995年
稲垣忠彦・佐藤学『授業研究入門』岩波書店，1996年
岩波講座『教育の方法』全11巻，岩波書店，1987—88年
西之園晴夫『授業の過程』第一法規，1981年
細谷俊夫『教育方法（第4版）』岩波書店，1991年
吉田章宏『教育の方法』放送大学教育振興会，1991年

Jackson, Philip（Ed.）, *Handbook of Research on Curriculum*, Macmillan, 1992.

Pinar, William F., Reynolds, William M., Slattery, Patrick and Taubman, Peter M.（Eds.）, *Understanding Curriculum: An Introduction to the Study of Historical and Contemporary Curriculum Discourses*, Peter Lang, 1995.

Stenhouse, Lawrence, *An Introduction to Curriculum Research and Development*, Heinemann, 1976.

Wittrock, M.（Ed.）, *Handbook of Research on Teaching*, Macmillan, 1986.

第二章　教育方法学的历史

アウグスティヌス『アウグスティヌス教師論』（原著398年）石井次郎・三上茂訳，明治図書，1981年

アリエス『〈教育〉の誕生』（原著1972・78年）中内敏夫・森田伸子編訳，新評論，1980年

オコン『教授過程』（原著1957年）細谷俊夫・大橋精夫訳，明治図書，1959年

金子茂・三笠乙彦編『教育名著の愉しみ』時事通信社，1991年

川合章『近代教育方法思想史』青木書店，1982年

クライン，H.，トマチエフスキー，K.『授業における陶冶と訓育の理論』（原著1963年）吉本均・中野光・三枝孝弘訳，明治図書，1967年

クループスカヤ『国民教育と民主主義』（原著1917年）五十嵐顕ほか訳，明治図書，1976年

コメニウス『大教授学』（原著1632年）鈴木秀勇訳，明治図書，1962年
佐藤広和『フレネ教育・生活表現と個性化教育』青木書店，1995年
佐藤学『米国カリキュラム改造史研究——単元学習の創造』東京大学出版会，1990年
スペンサー『知育・徳育・体育論』（原著1860年）三笠乙彦訳，明治図書，1969年
ディースターベーク『市民の教育』（原著1835年）長尾十三二訳，明治図書，1963年
ドクロリー『ドクロリー・メソッド』（原著1925・29年）斉藤佐和訳，明治図書，1977年
長尾十三二『西洋教育史』東京大学出版会，1978年
フエリエール『活動学校』（原著1928年）古澤常雄・小林亜子訳，明治図書，1990年
プラトン『国家』（原著紀元前375年頃）藤沢令夫訳，岩波文庫，1979年
プラトン『メノン』（原著紀元前386年頃）藤沢令夫訳，岩波文庫，1994年
フレーベル『人間の教育』（原著1826年）荒井武訳，岩波文庫，1964年
フレネ『仕事の教育』（原著1974年）宮ケ谷徳三訳，明治図書，1986年
ペスタロッチ『探究』（原著1797年）長田新訳『ペスタロッチ全集6』平凡社，1959年
ペスタロッチ『ゲルトルート児童教育法』（原著1801年）長尾十三二訳，明治図書，1976年
ヘルバルト『一般教育学』（原著1806年）三枝孝弘訳，明治図書，1960年
森田尚人『デューイ教育思想の形成』新曜社，1986年
森田伸子『子どもの時代——「エミール」のパラドックス』新曜社，1986年
モルフ『ペスタロッチ伝』（原著1868—89年）長田新訳，岩波書店，1951年
ルソー『エミール』（原著1762年）今野一雄訳，岩波文庫，1962年

Bloom, Benjamin, *Taxonomy of Educational Objectives*, David McKay, 1969.
Bloom, Benjamin, *Human Characteristics and School Learning*, McGraw-Hill, 1976.（梶田叡一・松田弥生訳『個人特性と学校学習』第一法規，1980年）
Bloom, B., Hastings, T. and Madaus, G., *Handbook on Formative and Summative Evaluation of Student Learning*, MacGraw-Hill, 1971.（梶田叡一・渋谷憲一・藤田恵璽訳『教育評価法ハンドブック——教科学習の形成的評価と総括的評価』第一法規，1973年）
Bobbitt, Franklin, *The Curriculum*, Houghton Mifflin, 1918.

Bruner, Jerome, *The Process of Education*, Vintage, 1960.（鈴木祥蔵・佐藤三郎訳『教育の過程』岩波書店，1963年）

Bruner, Jerome, *Toward the Theory of Instruction*, Norton, 1966.（田浦武雄・水越敏行訳『教授理論の建設』黎明書房，1967年）

Bruner, Jerome, *On Knowing：Essays for the Left Hand*, Atheneum, 1969.

Bruner, Jerome, *The Culture of Education*, Harvard University Press, 1996.

Cremin, Lawrence, *The Transformation of the School*, Vintage, 1962.

Dewey, John, *The School and Society*, The University of Chicago Press, 1899.（宮原誠一訳『学校と社会』岩波文庫，1957年）

Dewey, John, *The Child and the Curriculum*, The University of Chicago Press, 1902.

Dewey, John, *Experience and Education*, Macmillan, 1938.（原田実訳 『経験と教育』春秋社，1950年）

Dewey, John, *On Education：Selected Writings*, Edited and interpreted by Reginald D. Archambault, The University of Chicago Press, 1964.

Hamilton, David, *Toward a Theory of Schooling*, Falmer Press, 1989.

Heath, R. W.（Ed.）, *New Curricula*, Harper & Row, 1964.（東洋訳『新カリキュラム』国土社，1965年）

Illich, Ivan, *Shadow Work*, Boyars, 1981.（玉野井芳郎・栗原彬訳『シャドウワーク』岩波書店，1982年）

Illich, Ivan, *In the Vineyard of the Text：A Commentary to Hugh's Didascalicon*, The University of Chicago Press, 1993.（岡部佳代訳『テクストのぶどう畑で』法政大学出版局，1995年）

Illich, Ivan and Sanders, Barry, *ABC：The Alphabetization of the Popular Mind*, North Point Press, 1988.（丸山真人訳『ABC——民衆の知性のアルファベット化』岩波書店，1991年）

Kilpatrick, William Heard, "Project Method", *Teachers College Record*, 19（4）, 1918, pp. 319-345.

Kimball, Bruce A., *Orators & Philosophers：A History of the Idea of Liberal Education*, Teachers College Press, 1986.

Kliebard, Herbert, "Reappraisal：The Tyler Rational", In W. Pinar（Ed.）, *Curriculum Theorizing：The Reconceptualists*, McCutchen, 1975, pp. 70-83.

Kliebard, Herbert, *The Struggle for the American Curriculum 1893—1958*, Routledge & Kegan Paul, 1986.

Locke, John, *Some Thoughts Concerning Education*, 1693.（押村襄訳『教育に関

する考察』岩波文庫，1967年）

Parkhurst, Helen, *Education on the Dalton Plan*, 1922.（赤井米吉訳『ドルトン・プランの教育』明治図書，1974年）

Reynolds, L. D. and Wilson, N. G., *Scribes and Scholars：A Guide to the Transmission of Greek and Latin Literature*, Oxford University Press, 1991.（西村賀子・吉武純夫訳『古典の継承者たち——ギリシヤ・ラテン語テクストの伝承にみる文化史』国文社，1996年）

Rugg, Harold, *Foundations for American Education*, World Book Company, 1947.

Rugg, Harold and Schumaker, Ann, *The Child-Centered School*, World Book Company, 1928.

Tyler, Ralph, *Basic Principles of Curriculum and Instruction*, The University of Chicago Press, 1949.

第三章　日本的教学与授业研究

天野正輝『教育評価史研究——教育実践における評価論の系譜』東信堂，1993年

稲垣忠彦『〈増補〉明治教授理論史研究』評論社，1966年，1996年

稲垣忠彦・中野光・寺崎昌男監修『日本の教師』全24巻，ぎょうせい，1992—94年

梅根悟・海老原治善・中野光編『資料日本教育実践史』全3巻，三省堂，1979年

梅原徹『〈日本史小百科〉学校』東京堂出版，1996年

及川平治『分団式動的教育法』弘学館，1912年

海後宗臣『海後宗臣著作集』第4巻「学校論」，第5巻「教育内容・方法論」，東京書籍，1990年

勝田守一『能力と発達と学習』国土社，1964年

勝田守一『教育と認識』国土社，1968年

木下竹次『学習原論』目黒書店，1923年

斎藤喜博『授業入門』国土社，1960年

佐藤秀夫『ノートや鉛筆が学校を変えた』平凡社，1988年

澤柳政太郎『実際的教育学』同文館，1909年

重松鷹泰『授業分析の方法』明治図書，1961年

柴田義松『教科教育論』第一法規，1981年

竹内常一『子どもの自分くずしと自分つくり』東京大学出版会，1987年

中内敏夫『生活綴方成立史研究』明治図書，1970年

中野光『大正自由教育の研究』黎明書房，1968年

野村芳兵衛『新教育における学級経営』1926年（『野村芳兵衛著作集2』黎明書房，1973年）

波多野完治編『ピアジエの認識心理学』国土社，1966年

宮坂哲文『生活指導の基礎理論』誠信書房，1962年

文部省『学制百年史』『同資料篇』文部省，1982年

Cummings, William, *Education and Equality in Japan*, Princeton University Press, 1980.（友田泰正訳『ニッポンの学校——観察してわかったその優秀性』サイマル出版会，1981年）

Rohlen, Thomas, *Japan's High School*, University of California Press, 1983.（友田泰正訳『日本の高校』サイマル出版会，1988年）

White, Mary, *The Japanese Educational Challenge：A Commitment to Children*, The Free Press, 1987.

第四章　教学研究范式的转换

佐藤郁哉『フィールドワーク』新曜社，1993年

佐藤学「カリキュラム開発と授業研究」安彦忠彦編『カリキュラム研究入門』勁草書房，1984年

佐藤学「パンドラの箱を開く＝『授業研究』批判」森田尚人・藤田英典・黒崎勲・片桐芳雄・佐藤学編『教育研究の現在＝教育学年報1』世織書房，1992年

佐藤学編『教室という場所』国土社，1994年

文部省『カリキュラム開発の課題——カリキュラム開発に関する国際セミナー報告書』文部省大臣官房調査統計課，1975年

Atkin, J. M., "Behavioral Objectives in Curriculum Design", *The Science Teacher*, 35, 1968, pp. 27-30.

Dunkin, M. and Biddle, B., *The Study of Teaching*, Scott, Foreman, 1974.

Eisner, Eliot, *The Educational Imagination：On the Design and Evaluation of School Programs*, Macmillan, 1979.

Erickson, Frederick, "Qualitative Methods in Research on Teaching", In M. Wittrock（Ed.）, *Handbook of Research on Teaching*, Macmillan, 1986, pp. 119-161.

Hamilton, D., et al.（Eds.）, *Beyond the Numbers Game：A Reader in Educational Evaluation*, Macmillan, 1976.

Lampert, Magdalene, “How Do Teachers Manage to Teach：Perspectives on Problems in Practice”, *Harvard Educational Review*, 55, 1985, pp. 178-194.

Parlett, M., and Hamilton, D., “Illuminative Evaluation”, In Hamilton, D., et al.（Eds.）, *Beyond the Numbers Game：A Reader in Educational Evaluation*, Macmillan, 1976.

Pinar, W.（Ed.）, *Curriculum Theorizing：The Reconceptualists*, McCutchen, 1975.

Schwab, Joseph, “Structure of the Disciplines：Meanings and Significance”, In G. Ford and L. Pugno（Eds.）, *The Structure of Knowledge and the Curriculum*, Rand McNally, 1964, pp. 1-30.

Schwab, Joseph, “The Practical：A Language for Curriculum”, *School Review*, 78（1）, 1969, pp. 1-24.

Schwab, Joseph, *Science, Curriculum and Liberal Education：Selected Essays*, The University of Chicago Press, 1978.

Schwab, Joseph, “The Practical 4：Something Curriculum Professors to Do”, *Curriculum Inquiry*, 13, 1983, pp. 239-266.

Shulman, Lee, “The Paradigms and Research Programs in the Study of Teaching”, In M. Wittrock（Ed.）, *Handbook of Research on Teaching*, Macmillan, 1986, pp. 3-36.

Silverman, Charles, *Crisis in the Classroom：The Remaking of the American Education*, Random House, 1970.（山本正訳『教室の危機——学校教育の全面的再検討』サイマル出版会，1973年）

第五章　教与学：意义和关系的重建

稲垣忠彦・河合隼雄他編『シリーズ授業』全11巻，岩波書店，1991—93年

稲垣忠彦・佐藤学『授業研究入門』岩波書店，1996年

ヴィゴツキー『思考と言語』（原著1934年）柴田義松訳，明治図書，1962年

グループ・ディダクティカ編『学びのための授業論』勁草書房，1993年

駒林邦男『現代ソビエトの教授学習理論』明治図書，1975年

佐伯胖『「学ぶ」ということの意味』岩波書店，1995年

佐伯胖・藤田英典・佐藤学編『シリーズ学びと文化』全6巻，東京大学出版会，1995—96年

佐藤学「学びの対話的実践へ」佐伯胖・藤田英典・佐藤学編『シリーズ学びと文化（1）学びへの誘い』東京大学出版会，1995年

ダヴィドフ『教科構成の原理——論理=心理学的諸問題』（原著1972年）駒林邦男・土井捷三訳，明治図書，1975年

中田基昭『教育の現象学』川島書店，1996年

浜田寿美男『ピアジエとワロン』ミネルヴァ書房，1994年

フレイレ『被抑圧者の教育学』（原著1974年）小沢有作ほか訳，亜紀書房，1979年

フレイレ『伝達か対話か——関係変革の教育学』（原著1967年）里見実・楠原彰・檜垣良子訳，亜紀書房，1982年

堀尾輝久他編『講座・学校（4）子どもの学び・人間の学び』柏書房，1996年

吉崎静夫『教師の意思決定過程と授業研究』ぎょうせい，1989年

吉田章宏『学ぶと教える——授業の現象学への道』海鳴杜，1987年

Dewey, John, *How We Think*：*A Restatement of the Relations of Reflective Thinking to the Educative Process*, D. C. Heath & Co., 1933.

Gardner, Howard, *To Open Minds*, Basic Books, 1989.

Jackson, Philip, *The Practice of Teaching*, Teachers College Press, 1986.

Lave, J. and Wenger, E., *The Situated Learning*：*Legitimate Peripheral Participation*, Cambridge University Press, 1991.（佐伯胖訳『状況に埋め込まれた学習——正統的周辺参加』産業図書，1993年）

Lave, Jean, *Cognition in Practice*, Cambridge University Press, 1988.（武藤隆訳『日常生活の認知行動』新曜社，1995年）

Schön, Donald, *The Reflective Practitioner*：*How Professionals Think in Action*, Basic Books, 1983.

Wertsch, J. V., *Voices of the Mind*：*Sociocultural Approach to Mediated Action*, Harvard University Press, 1993.（田島信元・佐藤公治・茂呂雄二・上村佳代子訳『心の声——媒介された行為への社会文化的アプローチ』福村出版，1995年）

第六章　教室中对话（沟通）的结构

小泉秀夫「教授活動の分析の方法」東洋編『教授と学習』（教育学叢書）第一法規，1968年

佐藤学「教室という政治空間=権力関係の編み直しへ」森田尚人・藤田英典・黒崎勲・片桐芳雄・佐藤学編『教育のなかの政治=教育学年報3』世織書房，1994年

ザンコフ『授業の分析』（原著1958年）矢川徳光訳，明治図書，1960年

宫坂義彦「世界における授業研究の思潮——米国とソビエトを中心に」東洋編『教授と学習』（教育学叢書）第一法規，1968年

Adelman, C. and Walker, R., *Flanders' System for the Analysis of Classroom Interaction*, Center for Applied Research in Education, University of East Anglia, 1973.

Bernstein, Bazil, *Class, Codes and Control: Towards a Theory of Educational Transmissions*, Routledge & Kegan Paul, 1975.（萩原元昭編訳『教育伝達の社会学』明治図書，1985年）

Bellack, Arno et al., *The Language of the Classroom*, Teachers College Press, 1966.（木原健太郎・加藤幸次訳『授業コミユニケーションの分析』黎明書房，1972年）

Cazden, Courtney, "Classroom Discourse", In Wittrock, M.（Ed.）, *Handbook of Research on Teaching*, Macmillan, 1986, pp. 432-463.

Cazden, Courtney, *Classroom Discourse: The Language of Teaching and Learning*, Heinemann, 1988.

Flanders, Ned A., *Analyzing Teaching Behavior*, Addison Wesley, 1970.

Hamilton, David and Delamont, Sarah, "Classroom Research: A Cautionary Tale", *Research in Education*, 11, 1974, pp. 1-15.

Heath, Shirley Brice, *Ways with Words: Language, Life and Work in Community and Classrooms*, Cambridge University Press, 1983.

Jackson, Philip, *Untaught Lessons*, Teachers College Press, 1992.

Mehan, Hugh, *Learning Lessons*, Harvard University Press, 1979.

Ogbu, John, *Minority Education and Caste*, Academic Press, 1978.

Rosenthal, R. and Jacobson, L., *Pygmalion in the Classroom*, Holt, Rinehart and Winston, 1968.

Shulman, Lee, "The Paradigms and Research Programs in the Study of Teaching", In M. Wittrock（Ed.）, *Handbook of Research on Teaching*, Macmillan, 1986, pp. 3-36.

第七章　课程研究的课题

アルチユセール『国家とイデオロギー』（原著1970年）市田良彦訳，福村出版，1974年

安彦忠彦編『カリキユラム研究入門』勁草書房，1984年

木原孝博・武藤孝典・熊谷一乗・藤田英典編『学校文化の社会学』福村出

版，1993年

佐藤学『カリキュラムの批評——公共性の再構築へ』世織書房，1996年

里見実『学校を非学校化する』太郎次郎社，1994年

長尾彰夫・アップル・ウィッティ『カリキュラム・ポリティクス』東信堂，1994年

Apple, Michael, *Ideology and Curriculum*, Routledge, 1979.（門倉正美・高崎充保・植村高久訳『学校幻想とカリキュラム』日本エディタースクール出版部，1986年）

Apple, Michael, *Education and Power*, Routledge & Kegan Paul, 1982.（浅沼茂・松下晴彦訳『教育と権力』日本エディタースクール出版部，1992年）

Bowles, S. and Gintis, H., *Schooling in Capitalist America*：*Educational Reform and Contradictions of Economic Life*, Basic Books, 1976.（宇沢弘文訳『アメリカ資本主義と学校教育』岩波書店，1986年）

Bowles, S. and Gintis, H., "Contradiction and Reproduction in Educational Theory", In L. Barton, R. Meigham and S. Walker（Eds.）, *Schooling, Ideology and the Curriculum*, Falmer Press, 1980, pp. 51-65.

Boyer, Earnest, *High School*：*A Report on Secondary Education in America*, Harper & Row, 1983.（天城勲・中島章夫訳『アメリカの教育改革』リクルート出版，1984年）

Dreeben, Robert, "The Unwritten Curriculum and Its Relation to Values", *Journal of Curriculum Studies*, 8（2）, 1976, pp. 111-124.

Ellsworth, Elizabeth, "I Pledge Allegiance：The Politics of Reading and Using Educational Films", *Curriculum Inquiry*, 21（1）, 1991, pp. 41-64.

Grumet, Madeleine, *Bitter Milk*：*Women and Teaching*, University of Massachusetts Press, 1988.

Gardner, Howard, *Frames of Mind*：*The Theory of Multiple Intelligence*, Basic Books, 1983.

Giroux, Henry, *Theory and Resistance in Education*：*A Pedagogy for the Opposition*, Bergin & Gervey, 1983.

Giroux, Henry, *Schooling and the Struggle for Public Life*, University of Minnesota Press, 1988.

Giroux, Henry, *Furgative Cultures*：*Race, Violence, and Youth*, Routledge, 1996.

Harvard University, Committee on the Objectives of General Education in a Free Society, *General Education in a Free Society*：*Report of the Harvard Committee*, Harvard University Press, 1945.

Hirsch, E. D., *Cultural Literacy*：*What Every American Needs to Know*, Houghton Mifflin, 1987.（中村保男訳『教養が国家をつくる』TBSブリタニカ，1989年）

Hirst, Paul, *Knowledge and the Curriculum*, Routledge and Kegan Paul, 1974.

Huebner, Dwayne, "Curricular Language and Classroom Meanings", In J. MacDonald and R. Leeper（Eds.）, *Language and Meaning*, ASCD, 1966.

Illich, Ivan, *Deschooling Society*, Harper & Row, 1970.（東洋・小澤周三訳『脱学校の社会』東京創元社，1977年）

Jackson, Philip, *Life in Classrooms*, Holt, Rinehart & Winston, 1968.

Kohl, Herbert, *Basic Skills*：*A Plan for Your Child, A Program for All Children*, Little Brown and Co., 1982.

McLaren, Peter, *Life in Schools*：*An Introduction to Critical Pedagogy in the Foundations of Education*, Longman, 1989.

Noddings, Nel, *The Challenge to Care in Schools*：*An Alternative Approach to Education*, Teachers College Press, 1992.

Schwab, Joseph, "Structure of the Disciplines：Meanings and Significance", In G. Ford and L. Pugno（Eds.）, *The Structure of Knowledge and the Curriculum*, Rand McNally, 1964, pp. 1-30.

Sizer, Theodre, *Horace's School*： *Redesigning the American High School*, Houghton Mifflin, 1992.

Westbury, I. and Purves, A.（Eds.）, *Cultural Literacy and the Idea of General Education, The Eighty-Seventh Yearbook of the National Society for the Study of Education*, Part 2, The University of Chicago Press, 1988.

Willis, Paul, *Learning to Labor*, Saxon House, 1981.（熊沢誠・山田潤訳『ハマータウンの野郎ども』筑摩書房，1985年）

第八章　教师的专业性

秋田喜代美「教えるといういとなみ——授業を創る思考過程」佐藤学編『教室という場所』国土社，1995年

市川昭午『専門職としての教師』明治図書，1969年

稲垣忠彦・寺崎昌男・松平信久編『教師のライフコース=昭和史を教師として生きて』東京大学出版会，1988年

稲垣忠彦・久冨善之『日本の教師文化』東京大学出版会，1994年

久冨善之編『教員文化の社会学的研究』多賀出版，1988年

近藤邦夫『教師と子どもの関係づくり』東京大学出版会，1995年

佐藤学『教師というアポリア=反省的実践へ』世織書房，1996年

Apple, Michael, *Teachers and Texts*：*A Political Economy of Class and Gender Relations in Education*, Routledge & Kegan Paul, 1986.

Ayers, William, "Small Heroes；In and Out to School with 10 year-old City Kids", *Cambridge Journal of Education*, 20（3）, 1990, pp. 269-278.

Bowers, C. A., *Critical Essays on Education, Modernity, and the Recovery of the Ecological Imperative*, Teachers College Press, 1993.

Bruner, Jerome, "Narrative and Paradigmatic Modes of Thought", in E. W. Eisner（Ed.）, *Learning and Teaching the Way of Knowing*：*Eighty-fourth Yearbook of the National Society for the Study of Education*, The University of Chicago Press, 1985.

Bruner, Jerome, *The Culture of Education*, Harvard University Press, 1996.

Carnegie Commission, *A Nation Prepared*：*Teaching Profession for the 21st Century*, Carnegie Forum on Education and the Economy, 1986.

Clandinin, D. J., *Classroom Practice*：*Teacher Images in Action*, Falmer Press, 1986.

Clerk, C. M. and Peterson, P. L., "Teacher's Thought Process", In M. Wittrock（Ed.）, *Handbook of Research of Teaching*, Macmillan, 1986, pp. 255-296.

Connelly, F. M. and Clandinin, D. J., "Stories of Experience and Narrative lnquiry", *Educational Researcher*, 19（5）, 1990, pp. 2-14.

Clifford, Geradine and Guthrie, James W., *ED School*：*A Brief for Professional Education*, The University of Chicago Press, 1988.

Dewey, John, "The Relation of Theory to Practice in Education", *The Third-Yearbook of the National Society for the Study of Education*, The University of Chicago Press, 1904. pp. 9-30.

Elbaz, Freema, *Teacher Thinking*：*A Study of Practical Knowledge*, Nichols Publishing, 1983.

Goodson, Ivor（Ed.）, *Studying Teachers' Lives*, Routledge, 1992.

Hargreaves, Andy, *Changing Teachers, Changing Times*：*Teacher's Work and Culture in the Post Modern Age*, Falmer Press, 1994.

Holmes Group, *Tomorrow's Teachers*：*A Report of the Holmes Group*, Author, 1986.

Holmes Group, *Tomorrow's Schools*：*Principles for the Design of Professional Schools*, Author, 1990.

James Report, *Teacher Education and Training*：*Report by a Committee of Inquiry appointed by the Secretary of State for Education and Science, under the Chairmanship of Lord James of Rushholme*, Department of Education and Science, London, 1972.

Judge, Harry, *American Graduate School of Education*, Ford Foundation, 1982.

Lieberman, M., *Education as a Profession*, Prentice-Hall, 1956.

Little, Judith W., "Norms of Collegiality and Experimentation：Workplace of Conditions of School Success", *American Educational Research Journal*, Vol. 19, No. 3, 1982, pp. 325-340.

Lortie, Dan C., *Schoolteacher：A Sociological Study*, The University of Chicago Press, 1975.

Schön, Donald, *The Reflective Practitioner：How Professionals Think in Action*, Basic Books, 1983.

Shulman, Lee, "Those Who Understand：Knowledge Growth in Teaching", *Educational Researcher*, 15（2）, 1986, pp. 4-14.

Shulman, Lee, "Knowledge and Teaching：Foundations of the New Reform", *Harvard Educational Review*, 57（1）, 1987, pp. 1-22.

Shulman, Lee, "Toward a Pedagogy of Cases", in Judith Shulman, *Case Methods in Teacher Education*, Teachers College Press, 1992.

Waller, Wilard, *The Sociology of Teaching*, John Wiley and Sons, 1932.（石山修平・橋爪貞雄訳『学校集団』明治図書, 1957年）

Zeichner, K. and Liston, D., " Traditions of Reform in U. S. Teacher Education", *Journal of Teacher Education*, 41（2）, 1990, pp. 3-20.

第九章　计算机与教育

苅宿俊文・佐伯胖・佐藤学・吉見俊哉『コンピュータのある教室——創造的メディアと授業』岩波書店，1996年

佐伯胖『新・コンピュータと教育』岩波新書，1997年

佐伯胖・佐藤学・苅宿俊文・NHK取材班『教室にやってきた未来——コンピュータ学習実践記録』NHK出版，1993年

西垣通『デジタル・ナルシス——情報科学パイオニアたちの欲望』岩波書店，1991年

ボードリヤール『シミュラークルとシミュレーション』（原著1983年）竹原あき子訳，法政大学出版局，1984年

三宅なおみ『教室にマイコンをもちこむ前に』新曜社，1985年

Bell, Daniel, *The Coming of Post-industrial Society*, Basic Books, 1973.（内田忠夫他訳『脱工業社会の到来』上下，ダイヤモンド社，1975年）

Bowers, C. A., *Critical Essays on Education, Modernity, and the Recovery of the Ecological Imperative*, Teachers College Press, 1993.

Fiske, John, *Media Matters：Everyday Culture and Political Change*, University of Minnesota Press, 1996.

Greenberger, Martin（Ed.）, *on Multimedia：Technologies for the 21st Century*, The Voyager Company, 1990.（アラン・ケイほか・浜野保樹訳『マルチメディア——21世紀のテクノロジー』岩波書店，1993年）

McLuhan, Marshall, *The Gutenberg Galaxy：The Making of Typographic Man*, University of Toronto Press, 1962.（森常治訳『グーテンベルクの銀河系——活字人間の形成』みすず書房，1986年）

McLuhan, Marshall, *Understanding Media：The Extensions of Man*, McGraw-Hill, 1964.（栗原裕・河本伸聖訳『メディア論——人間の拡張の諸相』みすず書房，1987年）

Negroponte, Nicholas, *Being Digital*, Vintage Books, 1995.

Newman, Denis, "Technology as Support for School Structure and School Restructuring", *Phi Delta Kappan*, 74（4）, 1992, pp. 308-315.

Ong, Walter Jr., *Orality and Literacy：The Technologizing of the Word*, Methuen, 1982.（桜井直文・林正寛・糟谷啓介訳『声の文化と文字の文化』藤原書店，1991年）

Papert, Seymour, *Mind Storms：Children, Computers, and Powerful Ideas*, Basic Books, 1980.

Papert, Seymour, *The Children's, Machine：Rethinking School in the Age of the Computer*, Basic Books, 1993.

Postman, Neil, *Technopoly：The Surrender of Culture to Technopoly*, Alfred A. Knopf, 1992.（GS 研究会訳『技術VS人間——ハイテク社会の危険』新樹社，1994年）

Postman, Neil, *The End of Education：Redefining the Value of School*, Alfred A. Knopf, 1995.

Poster, Mark, *The Mode of Information*, The University of Chicago Press, 1990.（室井尚・吉岡洋訳『情報様式論』岩波書店，1991年）

Perkins, David, Schwartz, Judah, West, Mary and Wiske, Martha（Eds.）, *Software Goes to School：Teaching for Understanding with New Technologies*, Oxford University Press, 1995.

Roszak, Theodore, *The Cult of Information*：*A Neo-Luddite Treatise on High Tech, Artificial Intelligence, and the True Art of Thinking*, University of California Press, 1986, Second edition, 1994.

Sanders, Barry, *A is for OX*：*Violence, Electronic Media, and the Silencing of the Written Word*, Pantheon Books, 1994.

译后记

《教育方法学》是佐藤学教授专门为教育研究初学者及教育一线相关工作者编撰的一本教育方法学入门书。自1996年由日本岩波书店出版发行以来，长期处在教育畅销书排行榜前列，至今已重印25次，并持续数年被指定为东京大学教育学部本科生教科书，深受包括教育研究者、教师、教育学专业学生在内的广大读者喜爱。

本书如此受欢迎，与佐藤学教授崭新的编写视角及独到的编写框架密切相关。佐藤学教授多年来致力于课程开发及教师发展研究，除教育学理论的基础研究外，佐藤学教授积极开展教育实践学研究，密切关注学校现场，主张研究者应与一线教师协同合作，切实细致地“诊断”学校的各种“病症”，共同探索学校现场各种各样课题的解决方略。自从事教育研究工作以来，佐藤学教授每星期都会抽出两天时间到日本或海外各地的学校访问，30年如一日，不曾间断。在佐藤学教授看来，在现今这个需要对学校价值、教育内容、课程设置、教学模式、教师角色定位展开重新思考，学校教育面临转型的划时代时期，更加需要对教育实践具象的本质进行多角度的综合的批判性探讨。

因此，不同于以往的面向师范类院校学生的讲义资料式教科书，本书以为读者提供一个理论罗盘为目的，向读者详尽地介绍了近30年来教育学研究范式的变化及相关领域的最新研究成果，并按照与学校“病理”息息相关的“教学”、“学习”、“课程”、“教师”、“教师教育”、“教育信息化”等主题将相关研究进行了汇总与提炼。各章节既相对独立，又融会贯通。读者可以据此对学校教育实践进行深入分析、探究，并在此基础上展开全新的教育实践创造。全书还汇集了在其他相关知识的书籍中未曾有过的佐藤学教授独特、全新的见解。本书既为读者提供了汲取先进教育理论基础知识的平台，又为读者提供了一个探究教育实践的新航标。

这本书是佐藤学教授的心血之作，作为他的学生，我非常感谢老师给予我的厚望与信任。在本书的翻译过程中，佐藤学老师还给予了我极大的关怀与鼓励，并在百忙之中特别抽出时间为本书写作中文版序，在此向佐藤学老师致以诚挚的谢意。同时，也非常感谢华东师范大学终身教授钟启泉老师。钟启泉老师与佐藤学老师的友情已有三十余年，他是将佐藤学老师的研究及著作介绍到中国的第一人。钟启泉老师曾在2003年由教育科学出版社出版的《课程与教师》中收录、翻译了本书的部分章节，此次翻译全书时多次得到钟启泉老师的悉心指导，谨此向钟老师表示衷心的感谢。最后，谨向教育科学出版社及源创图书的编辑致以诚挚的谢意，感谢各位老师对我的多方关照以及为本书顺利出版所付出的辛勤努力。

于莉莉

2015年10月

出 版 人　所广一
责任编辑　杨　巍
装帧设计　许　扬
封面图片　123RF
责任校对　贾静芳
责任印制　叶小峰

图书在版编目（CIP）数据

教育方法学 /（日）佐藤学著；于莉莉译 .—北京：教育科学出版社，2016.3（2025.2 重印）
书名原文：Kyoiku Hoho Gaku
ISBN 978-7-5191-0267-8

Ⅰ. ① 教…　Ⅱ. ① 佐…　② 于…　Ⅲ. ①教育学—方法论　Ⅳ. ① G40-032

中国版本图书馆 CIP 数据核字（2016）第 007270 号

北京市版权局著作权合同登记　图字：01-2013-3309 号

教育方法学
JIAOYU FANGFAXUE

出版发行	教育科学出版社		
社　　址	北京·朝阳区安慧北里安园甲 9 号	邮　　编	100101
总编室电话	010 - 64981290	编辑部电话	010 - 64981265
出版部电话	010 - 64989487	市场部电话	010 - 64989009
传　　真	010 - 64891796	网　　址	http://www.esph.com.cn
经　　销	各地新华书店		
印　　刷	运河（唐山）印务有限公司		
开　　本	720 毫米 × 1020 毫米　1/16	版　　次	2016 年 3 月第 1 版
印　　张	14.25	印　　次	2025 年 2 月第 11 次印刷
字　　数	150 千	定　　价	68.00 元

Original Title in English:
KYOIKU HOHO GAKU
By Manabu Sato

First Published in 1996 by Iwanami Shoten, Publishers. This simplified Chinese edition published in 2016 by Educational Science Publishing House, by arrangement with the proprietor c/o Iwanami Shoten, Publishers.

北京市版权局著作权合同登记 图字：01-2013-3309 号